한반도 시나리오

차례
Contents

한반도의 위기 혹은 기회

사상 초유의 불확실성이 한반도를 감싸고 있는 가운데, 민족공동체의 운명은 한 치 앞도 내다보기 힘든 상황으로 접어들고 있다. 흔히 '북핵 위기'라고 표현되는 '북미 간의 대결'은 6자회담을 통해 일단 봉합된 상태이지만, 여전히 그 전망은 불투명하기만 하다. 더구나 6자회담 자체가 상처를 치료하는 과정에서 이루어졌다기보다는 상처가 곪아터지기 직전에 봉합된 성격을 갖고 있기 때문에, 6자회담의 실패나 교착은 한반도의 위기상황을 더욱 악화시킬 것이다.

무엇보다도 2004년은 한반도의 운명과도 직결된 미국 대통령 선거가 있는 해이다. 2000년 플로리다의 작은 해변도시인 팜비치(Palm beach)의 투표용지 수백 장이 한반도의 운명을 뒤

바꿔놓았듯이, 2004년 대선 역시 그 이상으로 우리의 운명에 크나큰 영향을 미치게 될 것이다.

우리가 오늘날의 위기에 주목해야 하는 가장 근본적인 이유는 민족공동체의 소멸을 의미하는 전쟁 발발, 전쟁에 준하는 대혼란을 야기할 북한의 붕괴, 혹은 극도로 불안한 상태의 지속에 직면할 가능성을 배제할 수 없다는 데 있다. "설마 이러한 상황이야 오겠어"라고 애써 자위하고 싶겠지만, 우리가 직면하고 있는 현실은 이러한 최악의 시나리오에서 결코 자유로울 수 없다.

물론 북한과 미국이 마음을 고쳐먹고 6자회담에서 좋은 성과를 내기 위해 노력한다면 한반도의 위기가 해소될 수도 있다. 또, 부시 행정부가 재집권에 실패할 수도 있고, 재집권하더라도 1기 때의 '막가파식 일방주의'를 걷어치우고 한반도 평화 프로세스에 협력할 수도 있을 것이다. 그러나 이러한 낙관적인 시나리오만을 꿈꾸는 것은 마치 앉아서 우리의 운명을 기다리는 것과 다르지 않다.

그렇다면 어떻게 할 것인가? 그저 수수방관한 채 모든 일이 잘 되기만을 기다리고 있을 것인가? 아니면 우리의 운명은 우리 스스로 개척하겠다는 정신으로 한반도 평화의 당당한 주체로 거듭나기 위해 노력할 것인가? '우리는 약소국이고 백성들은 나랏일에 관여하기 힘들다'며 강대국과 정치권의 선의에 우리의 운명을 맡겨야 할 것인가? 아니면 위기를 기회로 삼아 다시는 이러한 위기가 반복되지 않도록 공고한 평화체제를 만들어나가는 주체로서의 역할을 모색해야 할 것인가?

이 책은 이러한 질문에 대한 답을 구하고자 씌어졌다. 오늘날 한반도 위기의 성격은 무엇인지, 한반도의 운명을 가늠할 6자회담과 미국 대선은 어떻게 될 것인지, 미국 대선 이후의 한반도 정세는 어떻게 전개될 것인지에 대해 나름대로의 분석과 전망을 통한 답을 내놓으려고 시도할 것이다. 물론 정확한 답은―무책임하게 들릴지 모르지만―"아무도 모른다"이다. 그러나 이는 한편으로 한반도의 운명이 대단히 불확실하지만 아직 결정된 것이 아니기에 우리의 의지와 역량에 따라 그것을 개척해나갈 수 있다는 희망의 근거를 내포하고 있기도 하다. 모쪼록 이 책이 희망의 근거를 길어 올리는 데 작은 도움이 되길 바란다.

다시 보는 2002년 10월 북핵 파문

북한은 고농축 우라늄을 이용해 비밀리에 핵무기 개발을 해왔고, 이를 시인했다.

2002년 10월 17일 밤(미국 시간) 부시 행정부가 발표한 위의 내용은 전세계를 경악시키면서 한반도 정세를 한 치 앞도 내다볼 수 없는 '불확실성의 시대'로 내몰았다. 이른바 '북핵 위기'의 시발점이었고, 국내는 물론 국제사회에서도 북한에 대한 비난이 거세지기 시작했다. 동시에 표면적으로 볼 때 한반도 위기의 책임이 부시 행정부에서 김정일 정권 쪽으로 넘어가는 계기가 되기도 했다.

그렇다면, 진실처럼 굳어진 위의 발표 내용은 정말 타당한 것일까? 부시 행정부가 북한의 핵개발 시인을 발표한 지 약한 달이 지난 2002년 11월 22일, 미국의 중앙정보국(CIA)은 미 의회에 한 페이지짜리 메모를 전달했다. 최근 비밀 해제된 이 메모에는 다음과 같은 내용이 적혀 있다.[1]

> 미국은 북한이 수년 동안 우라늄 농축활동을 해오고 있다는 '의혹'을 가지고 있다. 그러나 우리는 최근까지 북한이 원심분리기 시설의 건설을 시작했다는 것을 보여주는 '명확한 증거'(강조는 필자)를 확보하지 못했다.

원심분리기란 핵무기 제조에 필요한 우라늄을 농축하는 시설로서, 미국은 북한이 파키스탄으로부터 원심분리기를 수입해 비밀리에 핵개발을 하고 있다고 주장해왔다. 특히 2002년 10월 초 제임스 켈리 국무부 차관보의 대북특사회담 때, "북한이 처음에는 이를 부인했지만, 미국이 증거를 제시하자 나중에는 시인했다"는 것이 미국측의 주장이었다. 그리고 이러한 미국측의 주장은 거의 '검증'되지 않은 채, 국내외 언론보도를 통해 사실처럼 굳어져왔다.[2]

그러나 위에서 인용한 메모에서 알 수 있듯이 CIA조차 북한의 비밀 핵개발은 '확실한 증거'가 없는 '의혹' 단계라는 것을 시인한 것이다. 이는 흔히 '북한 핵문제' 혹은 '북핵 위기'로 표현되는 '북-미 간의 대결'을 전면적으로 재평가해야 하는 근거라고 할 수 있다. CIA도 인정한 것처럼, 고농축 우라늄을 이용한 북한의 핵개발은 어디까지나 '의혹' 수준에서만 존

재하는 것이기 때문이다.

　더구나 핵문제가 북미관계는 물론이고 남북관계, 북일관계도 휘청거리게 하면서 한반도에 전쟁의 먹구름을 드리우고 첨예한 남남갈등을 야기한 기폭제가 되었다는 점을 고려할 때, 그리고 무엇보다도 북핵 문제를 푸는 것이 평화와 번영의 전제조건이 되는 현실을 생각할 때, 석연치 않은 문제의 발단을 규명할 필요성은 아무리 강조해도 지나치지 않는다.

　북핵 파문을 몰고 왔던 당사자인 제임스 켈리는 부시 행정부의 발표 한 달 후인 2002년 11월 19일에 기자회견을 가진 바 있다. 이 자리에서 그는 "북한측에 제시한 근거가 북한과 파키스탄 간의 핵 프로그램 거래 내용을 담은 것이냐?"는 한 기자의 질문에 대해 "북한 관리들과 대화할 때, 파키스탄이라는 나라는 언급되지 않았다"고 말했다. 이것은 켈리가 북측에 제시한 근거가 북한과 파키스탄의 핵 거래 내용을 담은 무역 신용장이었다는, 북핵 파문 후의 일부 미국 정부 관리들의 주장과 언론보도 대부분이 오보였음을 켈리 스스로가 시인한 것이다. 그는 또한 증거 제시 여부에 대해 명확한 답변을 회피하면서, "여러 차례 발제(presentation)를 했다"고 말한 바 있어, 미국이 증거를 제시하고 북한이 결국 이를 시인했다는 통설에 의문을 던져주었다.

　클린턴 행정부에 이어 부시 행정부 때에도 국무부 대북교섭 담당 대사로 근무했던 잭 프리처드 역시 2003년 11월 20일 한 세미나에서 "일부 언론을 통해 보도된 바와 달리, 미국 대표단은 북한 외무성 직원은 물론 어떤 이에게도 HEU(Highly Enriched Uranium, 고농축 우라늄) 관련 증거를 제시하지 않았다"고 말하기도 했다.[3] 프리처드는 부시 행정부 내 몇 안 되는 온건파였으나, 존 볼튼 국무부 차관 등 강경파의 강력한 견제를 받아 결국 1차 6자회담을 앞둔 2003년 8월 중순에 사임하고 말았다.

물론 이러한 설명이 북한에 고농축 우라늄 프로그램이 없다는 것을 단정할 수 있는 근거가 될 수는 없다. 2002년 10월 북핵 파문 이후 북한이 철저하게 '모호성'을 유지한 것도 의혹의 확대 재생산에 일조했다. 북한은 켈리의 주장이 날조된 것이라고 반박하면서도 정작 의혹의 초점이 맞춰진 고농축 우라늄 프로그램에 대해서는 약 일 년간 철저하게 모호한 태도를 유지했기 때문이다. 그러나 적어도 CIA의 메모와 켈리의 기자회견 그리고 프리처드의 주장을 통해 "미국이 증거 자료를 가지고 북한의 시인을 받아냈다"는 통설은 진실이 아니라는 것이 확인되었으며, 이에 따라 적어도 핵문제의 발단과 성격을 재조명할 필요는 생겼다고 할 수 있다.

부시는 왜 켈리를 북한에 보냈나

기실 핵문제의 본질을 이해하기 위해서는 북한의 비밀 핵개발 프로그램의 존재 여부 못지않게, 미국과 북한의 의도를 정확히 분석하는 것이 중요하다. 이를 위해서는 미국이 북한에 특사를 파견한 2002년 10월의 정세로 되돌아가볼 필요가 있다.

2002년 부시의 '악의 축(axis of evil)' 발언이 있은 뒤 긴장과 유화 국면을 오갔던 한반도 정세는 2002년 하반기 들어 화해 협력과 평화라는 큰 방향으로 나아가고 있었다. 북한이 2002년 6월 29일 발생한 서해교전에 대해 유감을 표명한 이후에 2차 남북경제협력 추진위원회 개최, 경평 축구 대회, 북한의 부산 아시안게임 참가, 태권도 시범단 교류 등 교류협력이 어느 때보다 활발하게 전개되었다. 특히 9월 들어 남북한이 철도와 도로 연결 공사를 동시에 착공하고, 이를 전후해 한반도와 러시아를 잇는 '철의 실크로드' 사업 구상을 본격적으로 추진하면서 한반도가 동북아의 중심 국가로 부상할 것이라는 낙관적인 기대감도 일기 시작했다.

또한 제2차세계대전 이후 미국의 외교 그늘에서 좀처럼 벗어나지 못했던 일본이 고이즈미 총리의 평양 방문을 통해 북일정상회담을 갖고 납치자 문제와 전후 보상 문제 해결의 큰 틀을 잡으면서, 남북관계에 이어 동북아 냉전구조의 또 다른 한 축인 북-일 간의 대립관계도 해소될 것으로 기대되었다. 더구나 이러한 정세는 신의주 경제특구 지정, 7.1 경제개선조치 발표 등 북한의 개혁개방 움직임과도 맞물려 있었다.

북한과의 협상을 중단하고 '악의 축' 발언과 선제공격전략 채택 등 강경책으로 일관하던 부시 행정부로서는 당황하지 않을 수 없었던 상황 전개였던 것이다. 더구나 국제사회는 물론이고 미국 국내적으로도 북한과의 관계개선에 나서라는 요구가 높아졌다. 결국 부시 행정부로서도 모종의 행동에 나서지 않을 수 없게 되었고, 이에 따라 부시 행정부는 평양행 비행기에 몸을 실을 켈리의 손에 '핵카드'를 쥐어주고 '반전(反轉)'을 모색한 것이다.

만약 부시 행정부가 북한이 비밀리에 핵개발을 하고 있다는 증거를 확보하고 있었다면, 이를 근거로 공개적으로 북한을 압박하면 되었을 것이고, 이는 미국의 고유방식이기도 하다. 그러나 부시 행정부는 대단히 이례적으로 특사를 북한에 보냈다. 그것도 대화를 재개하기 위한 것이 아니라, 핵파문을 일으키기 위해서 말이다. 즉, 미국이 북한으로부터 비밀 핵개발 여부를 확인하기 위해 특사를 파견했다는 사실부터가 의심쩍은 대목이라는 것이다.

실제로 부시 행정부는 특사 파견을 통해 한반도와 동북아 정세를 반전시키는 데 성공해, 남한과 일본의 대북 접근을 제한시키고, 미사일방어체제(MD) 구축 등 군비증강의 정당성을 확보하게 되었다. 북한이 비밀리에 핵개발에 나서왔다는 의혹 제기는 북한에 대해서는 물론이고 정권 말기에 있었던 김대중 정부, 그리고 미국의 사전 허가를 받지 않고 평양행 비행기에 몸을 실었던 고이즈미 정부에 치명타를 가할 수 있는 일대 사건이었기 때문이다. 실체도 없는, 그리고 실체를 규명하기도 힘든 고농축 우라늄 '핵카드'를 가지고 부시 행정부는 톡톡히 재미를 본 것이다. 이는 최초의 핵카드는 북한이 아니라 미국이 꺼내 들었다는 것을 의미한다.

여기에서 주목해야 할 것은 북한이 미국측에서 제기된 비밀 핵개발설을 강력하게 부인하지 않았다는 점이다. 당시 북미 간의 특사회담을 재구성해보면, 미국 특사에게 잔뜩 기대를 걸었던 북한은 미국이 비밀 핵개발설을 들고 나오자 첫날에는 크게 당황하면서 부인했었다. 그러나 미국측에서 계속 이 문제를 들고 나오자, 김정일 국방위원장을 비롯한 최고위 관계자들이 철야 대책회의를 열고 자신도 핵카드를 꺼내들기로 한 것이다. 북한이 회담 이틀째에 미국의 대북적대정책이 계속되면 "핵무기는 물론이고 이것보다 더한 것도 가지게 되어 있다"고 말한 사실은 이를 잘 보여준다. 이 발언을 두고 미국은 북한이 비밀 핵개발을 시인했다고 해석했고, 북한은 원칙적인 입장을 밝힌 것이라고 주장한 것이다. 동시에 북한은 주한미군의 주둔까지 용인하겠다면서 미국과의 관계 정상화 의지를 피력했으나, 미국은 이를 수용하지 않았을 뿐만 아니라 북한측의 제안을 공개하지도 않았다.

북한이 이처럼 비밀 핵개발설을 부인하지 않고 이를 '카드화'한 것은 우선적으로 핵카드를 제외하면 미국을 협상 테이블로 이끌어낼 마땅한 지렛대가 없다고 판단했기 때문이다. 생존전략을 모색하기 위해 미국과의 관계 정상화가 절실했던 북한은 부시 행정부 출범 이후에도 2000년 10월 조명록 차수의 워싱턴 방문 때 합의한 북미공동코뮤니케[4]를 계승해 협상을 계속할 것을 미국측에게 줄곧 요구했었다. 그러나 부시 행정부가 이를 거부하면서 '악의 축' 발언, 선제공격 대상에 북한 포함 등 초강경책으로 일관하자, 켈리가 들고 온 핵카드를 협상용 차원에서 받아든 것이다. 동시에 미국의 적대정책이 계속될 경우 억제력 차원에서 핵무장을 시도할 수 있는 근거도 마련하겠다는 복안을 갖고 있었던 것이다.

고농축 우라늄과 관련해 철저하게 '모호성'으로 일관했던 북한은 지난 2003년 8월 말 베이징 6자회담에서 이를 공식 부인했다. 핵파문이 불거진 지 10개월 만의 일이다. 북한의 이러한 발표는 거의 주목을 받지 못했지만, 북한 나름대로 고도의 외교전술이 숨어 있는 것이라고 할 수 있다. 미국과의 직접 협상은 아니지만 6자회담이라는 협상틀이 마련되었다는 점에서 모호성에 기초한 '고농축 우라늄 카드'는 실효가 떨어졌다고 할 수 있다. 따라서 본격적인 협상이 시작되기 전에 고농축 우라늄 프로그램의 존재를 부인함으로써, 이후 미국이 고농축 우라늄 프로그램을 가지고 시비를 걸지 못하도록 하겠다는 의도가 깔려 있는 것으로 보인다.

결국 핵문제의 가장 중요한 본질은 미국과 북한의 의도 사이의 근본적인 '불일치'에 있다고 할 수 있다. 먼저 핵카드를 꺼내든 미국은 이를 빌미로 삼아 대북적대정책을 정당화하려고 했던 것이고,[5] 마땅한 수단이 없었던 북한은 미국의 핵카드를 넘겨받아 이를 미국과의 담판에 활용하고자 했던 것이다. 그리고 이는 과거의 일이 아니라, 오늘날 핵문제를 둘러싼 북미 간 대결구도의 저변에 깔려 있는 핵심적인 갈등요소이기도 하다.

'북핵 위기'는 정당한 표현인가

　　흔히 오늘날의 한반도 위기는 '북핵 위기' 혹은 '북핵 문제'라고 일컬어진다. 대다수 언론과 전문가 그리고 정부조차도 그렇게 칭한다. 또한 1993~1994년 위기 이후 또다시 북핵 문제가 불거지면서 '북핵 위기' 앞에 '제2의'라는 수식어가 붙기도 한다. 그렇다면 우리가 무의식중에 사용하고 있는 이러한 표현은 오늘날 위기의 원인과 전개 과정 그리고 해결 방법을 적절하게 담고 있을까? 까다롭고 복잡하기만 한 한반도의 문제를 '북핵 위기'라고 정의하면서 의도하지 않은 결과들이 나타나고 있지는 않은가?

　　오늘날의 위기상황을 '북핵 위기'라고 표현한다면, 위기의 1차적인 책임은 미국의 주장대로 "제네바 합의와 한반도 비핵화 선언, 그리고 핵확산금지조약을 위반하고 비밀리에 핵무기를 개발하고 있다"는 북한에게 돌려지게 된다. 또한 북한이 고집스럽게 핵카드를 고수함으로써 위기 악화의 책임도 북한에게 전가된다. 그리고 무엇보다도 북한이 끝내 핵개발을 포기하지 않으면 파국의 책임도 북한에게 있게 된다. 따라서 마치 "북한이 핵개발을 포기하면 살길이 열릴 수 있다"는 안타까운 마음마저도 불러일으키게 한다.

'전쟁과 평화'를 대통령 선거 유세의 마지막으로 들고 나왔던 노무현 대통령은 출범과 함께 천형(天刑)처럼 짊어지게 된 '북핵 문제'에 대한 3원칙으로 △북한 핵보유 불용 △평화적 해결 △한국의 주도적 역할을 제시한 바 있다. 대단히 일반적이고 합리적인 원칙인 것 같지만, 여기에는 중대한 함정이 도사리고 있다.

노무현 정부가 출범한 직후인 2003년 3월, 필자는 북핵 문제와 관련해 핵심적인 위치에 있는 한 정부 관료로부터 충격적인 얘기를 들을 수 있었다. "만약 북핵 문제가 평화적으로 해결되지 않으면 어떻게 할 것인가?"라는 질문에, 그는 "북한 핵보유 불용이 그냥 제1의 원칙으로 정해진 것은 아니다"고 답변했다. 이어 필자가 "그렇다면 미국이 무력사용을 추진하면 한국도 동조하겠다는 뜻인가?"라고 묻자, 그는 놀랍게도 "그렇다"라고 답변했다.

물론 이를 근거로 노무현 정부의 전쟁 방지에 대한 의지나 노력을 폄하하고 싶은 생각은 없다. 다만 오늘날의 위기상황을 '북핵 위기' 혹은 '북핵 문제'라고 규정할 때 나타나는 문제점을 지적하기 위해 든 사례일 뿐이다. 이렇게 규정될 때, 북핵 문제는 '수단과 방법을 가리지 않고 해결해야 할 사안'이 되는 셈이고, 한반도에서의 전쟁이 사실상 '민족공동체의 소멸'을 의미함에도 불구하고 '북한 핵보유 불용'이 '한반도 전쟁 방지'보다 상위 목표가 될 우려가 있다는 것을 위의 정부 관계자와의 문답이 보여주고 있다는 것이다.

이와 같은 설명이 '북한이 오늘날의 위기에 책임이 없다'거나, '북한의 핵무장을 대수롭지 않게 보고 있다'는 식으로 읽힐 수도 있을 것이다. 불필요한 오해를 예방한다는 차원에서 필자는 위기의 책임에서 북한도 결코 자유로울 수 없으며, 북한 핵문제는 반드시 해결되어야 한다는 입장을 갖고 있다는 점을 밝혀둔다. 이는 물론 반드시 협상을 통해 평화적으로 해결되어야 한다는 것을 전제로 하는 것이다.

북핵 위기라는 표현의 함정

그럼에도 불구하고 이러한 문제를 제기한 이유는 '북핵 위기'라는 표현이 오늘날의 상황을 정확하고 객관적으로 이해하는 데 문제가 있을 뿐만 아니라, 전쟁 위기를 예방하고 문제를 해결하는 데 장애요소가 되고 있다고 보고 있기 때문이다. 특히 북-미 대결이 장기화되고 문제 해결 여부가 불확실해지면서 나타나고 있는 지루함과 피로감이 북한에 대한 적대감과

인내심의 고갈로 이어질 수 있다는 우려는, 우리로 하여금 '북핵 위기'라는 표현이 갖는 부당성과 위험성에 더욱 주목하게 만든다.

실제로 주관적인 평가나 가치관을 잠시 접어두고 '사실'에 입각해 한반도 문제의 본질을 들여다보면, 오늘날의 위기상황을 규정하는 데 '북핵 위기'라는 표현이 얼마나 부적절한지를 알 수 있다. 대다수 언론과 전문가들은 문제의 발단 시점을 "북한이 비밀리에 핵무기 개발을 시인했다"는 2002년 10월로 잡고 있다. 그러나 당시 북한이 비밀리에 핵무기를 개발하고 있었는지, 그리고 북한이 실제로 시인했는지는 여전히 '불확실한 영역'으로 남아 있다. 반면에 핵문제를 포함해 한반도 위기상황이 도래하는 데 있어서, 부시 행정부측 요인들은 분명한 '사실들'로 구성되어 있다.

부시 행정부는 출범하자마자 전임 정부였던 클린턴 행정부의 대북협상 성과를 일거에 무시하고 북한과의 협상을 중단시켰으며, 북한의 위협을 최대 근거로 내세워 MD 구축을 선언했다. 이는 2001년 5월 1일에 있었던 일이다. 또한 2001년 12월에 작성된 것으로 알려진 핵태세검토보고서(NPR)에서는 북한 등 5개의 비핵국가에도 핵무기 선제사용이 가능하다는 새로운 핵전략을 입안했다. 이는 1995년 NPT 무기한 연장의 근본 전제였던 비핵국가에 대한 핵무기 사용 및 사용 위협을 하지 않겠다는 약속을 위반한 것일 뿐만 아니라, 제네바 합의와 한반도 비핵화 선언을 줄줄이 무시한 것이었다. 그리고 잘 알려진 것처럼 2002년 1월 29일에는 북한을 이라크, 이란과 함께 '악의 축'으로 규정하는 연두교서를 발표했고, 그 해 9월에는 미국이 필요하다고 판단할 경우, 테러집단과 이른바 '깡패국가(rogue state)'에 선제공격을 할 수 있다는 국가안보전략(NSS)을 발표했다.

이러한 사실들은 언론과 전문가들이 위기의 시점으로 삼은 '2002년 10월'보다 앞선 일들이다. 문제의 발단부터 부시 행정부의 책임이 결코 작지 않다는 것을 잘 보여주고 있는 것이다. 물론 이러한 대북강경책은 '부시 행정부가 이미 북한의 비밀 핵개발 사실을 알고 있었기 때문에 나온 것'이라는 반론이 있을 수도 있다. 그러나 위의 반론은 제네바 합의를 미국 외교의 '치욕'으로 생각하고 있는 부시 행정부조차 "북한이 제네바 합의를 준수하고 있다"며 2002년 10월까지 북한에 중유를 제공했다는 사실 앞에서는 설득력을 가질 수 없다.

'북-미 대결'의 전개 과정에서도 미국측 책임은 결코 작지 않다. 북한은 일관되게 협상을 통한 문제 해결과 이를 위한 여러 가지 구체적인 제안을 내놓아왔지만, 부시 행정부는 초기부터 대북한 비타협주의를 고수하면서 일방적이고도 모호한 태도로 일관했기 때문이다. 물론 이 과정에서 북한이 국제원자력기구(IAEA) 감시단을 추방하고 NPT를 탈퇴하며 '핵 억제력 확보' 등 여러 가지 핵시위를 벌인 것도 상황 악화의 중요한 요인이었다. 이는 상황 악화의 책임이 북한과 미국 모두에게 있다는 것을 의미한다.

지금 상황에서 가장 중요한 것은 역시 문제 해결의 방법이다. 앞서 언급한 것처럼 현재의 위기상황을 '북핵 위기'라고 표현할 때는, '북한이 먼저 핵을 포기하면 문제가 풀릴 수 있다'는 검증되지 않은 기대를 갖게 된다. 그러나 '한반도 위기'의 발단 및 전개 과정에서 북핵 문제는 '전부'가 아니라 중요한 '부분'을 차지하는 것이기 때문에, 이는 문제 해결의 인과관계를 정확하게 반영한 것이 아니다.

경험적인 예를 들어보자. 이른바 '1차 북핵 위기'라고 표현되는 1993~1994년 한반도 위기는 잘 알려진 것처럼 1994년 10월 제네바 합의를 통해 '해결'된 것으로 보였다. 여기에는 북한의 핵동결과 궁극적인 해체 방안이 담겨 있었다. 그러나 당시 미국은 제네바 합의문에 서명하면서 '딴마음'을 품고 있었다. 즉, 사회주의권의 붕괴 및 북한의 고립화, 김일성의 사망, 북한 경제위기의 심화 등으로 '기다리면 북한은 망할 것'이라는 기대감을 가진 미국은 북한과의 합의사항을 성실히 이행하지 않은 것이다.

그러나 망할 것 같았던 북한이 오히려 1998년 8월 31일 선진국에서나 가능할 것으로 보였던 '3단계 로켓체'인 광명성 1호(대포동 1호)를 발사하자 미국은 당황하기 시작했다. 놀란 미국 강경파들은 또다시 '북폭론'을 들고 나왔고, 이에 맞서 온건파들은 진지하게 북한을 포용해야 한다며 대북정책을 둘러싼 첨예한 논쟁을 벌였다. 결국 클린턴 행정부는 윌리엄 페리 전 국방장관을 대북정책조정관으로 임명해 약 일 년간의 정책

검토를 거쳐 1999년 9월 그 유명한 '페리 보고서'를 내놓게 된다.

이는 '북핵 위기'라는 표현의 문제점과 북한의 선(先) 핵포기가 결코 한반도 평화의 충분조건이 될 수 없다는 것을 말해 준다. '북한의 선 핵포기'가 위기 해소의 방안으로서 의미를 갖기 위해서는 크게 두 가지 조건이 충족되어야 한다. 하나는 부시 행정부의 대북정책 목표가 '북한의 핵무장 방지'라는 점이 확실해야 하고, 북한이 먼저 핵을 포기하면 대북한 안전보장, 경제제재 및 테러지원국 해제, 에너지 지원, 관계 정상화에 나설 것이라는 확실한 보장이 있어야 한다.

그러나 부시 행정부의 궁극적인 목표가 '북한의 핵무장 방지'가 아니라 '북한 정권 교체'에 있다는 점에 대해서는 미국의 강온파 모두 대체로 동의하고 있는 사실이다. 또한 부시 행정부가 요구하고 있는 것은 "완전하고 검증 가능하며 돌이킬 수 없는 방법으로 핵을 폐기하는 것(complete, verifiable, irreversable dismantlement)"이고, 이러한 조건이 충족되었을 때 반대급부를 본격적으로 고려할 수 있다고 말한다. 그러나 북한이 완전히 핵을 폐기하는 데 몇 년이 걸릴지 모르는 상황일 뿐만 아니라, 그 이후에 미국이 약속을 지킬 것이라는 보장이 없다는 점에 근본적인 문제가 있다.

또한 북미 간의 현안 중에 핵문제만 있는 것이 아니라는 점역시 중요하다. 최근 핵문제에 가려 잘 언급되지 않고 있지만, 부시 행정부는 북한의 탄도미사일, 생화학무기, 재래식 군사력, 인권 문제 등도 문제삼아왔다. 따라서 핵문제가 해결의 가닥을 잡으면 '줄줄이 사탕'식으로 계속 다른 문제들을 제기할 것임을 예고하고 있다.

이처럼 '북핵 위기'는 문제의 원인과 발단, 전개 과정 그리고 해결 방식 모두에 있어서, 결코 객관적이고 정확한 표현이 아니다. 이러한 편향된 표현보다는 '북-미 대결'이 더 정확한 표현이라고 할 수 있을 것이다. 그러나 현실적으로 '북핵 위기'가 하나의 '고유 명사'처럼 굳어진 현실 속에서, 이를 '북-미 대결'로 대체하기란 국제사회에서는 물론이고 국내에서도 대단히 힘든 일이다. 사정이 이렇다고 해서 현 위기상황에 대한 정확한 이해와 합리적인 해법 마련을 위한 노력을 결코 소홀히 해서는 안 된다.

이는 우리가 그어야 할 마지노선과도 연결된 문제이다. 대다수 사람들이 북한의 핵무장도 미국의 북폭도 반대해온 상황에서, 만약 북한이 이미 핵무기를 보유하고 있거나 핵무장 문턱에 도달하면, 반전과 반핵 사이에서 양자택일을 해야 하는 상황에 직면할 수 있다. 이는 미국이 북한의 핵무장 제거를 명분으로 북폭을 추진하려고 하거나, 경제적·군사적 봉쇄를 높이면서 북한의 붕괴를 유도하려고 할 경우 우리가 과연 어떤 선택을 해야 할 것인가라는 근본적인 물음으로 이어진다. 이는 최악의 시나리오지만, 6자회담과 미국 대선을 전망할 때 '가능성 있는' 딜레마이다.

따라서 우리로서는 대단히 곤혹스러운 일이지만, 북한이 핵무장을 했을 경우에 대한 대비책을 세워야 할 것이다. 이미 북한이 핵무기를 보유하고 있다는 주장이 나오고 있고, (이 주장의 진위 여부와 상관없이) 사용 후 연료봉의 재처리 가능성도 배제할 수 없는 상황에서 북한의 핵무기 보유를 가정한 대비책은 불가피한 일이다. 물론 그 대응책은 설사 북한이 핵무기를 보유하더라도 끝까지 협상을 포기해서는 안 된다는 것이다.

이는 첫째 북한이 핵무기를 보유하고 있더라도 확고한 안전보장을 받으면 이를 폐기할 가능성이 있고, 둘째 남아프리카공화국의 사례처럼 핵무장 이후에도 NPT 가입을 통해 핵무기를 폐기한 사례가 있으며, 셋째 북한의 핵무장은 정치외교적인 노력에 따라 되돌릴 수 있지만 한반도에서의 '전후 복구'란 상상하기조차 힘든 일이기 때문이다.

다시 말하지만 이는 결코 북한의 핵무장을 용인하자는 것이 아니다. 북한이 핵무장 문턱에 도달했다거나, 그 문턱을 넘어섰다고 해서 협상 이외의 다른 수단, 즉 무력사용이나 전쟁위기를 고조시킬 수 있는 제재와 봉쇄가 우리의 대안이 될 수는 없다는 것이다.

두 개의 핵심 변수와 6가지 시나리오

흔히 '북한 핵문제' 혹은 '북핵 위기'라고 불리는 북-미 간의 대결은 '6자회담의 성패' 및 '부시 행정부의 재집권 여부'라는 두 가지 핵심적인 변수가 어떤 조합을 만들어낼 것인가에 따라 향후 시나리오를 구성해볼 수 있다. 여기서 6자회담의 성패는 2004년 11월 미국 대선 전까지 새로운 합의문이 도출될 경우 '성공'으로, 6자회담 자체가 결렬될 경우 '실패'로 간주하기로 한다. 또한 미국 대선 때까지 6자회담에서 새로운 합의문도 나오지 않고 결렬되지도 않은 상태를 '교착'이라고 표현하기로 한다. 한편 부시 행정부가 재집권에 실패한다는 것은 북핵 문제를 포함한 한반도 평화 문제 해결에 유리한 환경이 조성된다는 것을 의미한다.

이 두 가지 변수 가운데 부시의 재선 여부가 한반도의 전쟁과 평화를 가르는 더 큰 변수라고 할 수 있다. 부시의 재선 여부는 미국 대선 이후의 한반도 정세뿐만 아니라, 대선 전 6자회담 자체에도 상당한 영향을 미칠 것이기 때문이다. 예를 들어 부시의 재선 가능성을 높게 판단할 경우, 북한은 한편으로 6자회담에서 '부시 행정부 2기'까지 대비해 최대의 성과를 얻으려고 노력할 것이고, 다른 한편으로는 6자회담에서 기대할 것이 없다면서 핵실험이나 탄도미사일 발사실험과 같은 초강수를 두고 나올 가능성도 있다. 반대로 부시의 재선 가능성이 낮다고 판단할 경우, 북한은 '현상유지' 차원에서 6자회담에 임하면서 미국의 차기 정권과 협상하려고 할 것이다.

이러한 가정을 바탕으로 6자회담의 성패와 부시의 재선 여부의 조합으로 이뤄지는 시나리오를 구성하면 다음과 같다.

① 6자회담의 성공 및 부시의 재집권 실패(최선)
② 6자회담의 교착 및 부시의 재집권 실패(차선)
③ 6자회담의 실패 및 부시의 재집권 실패
④ 6자회담의 성공 및 부시의 재집권 성공
⑤ 6자회담의 교착 및 부시의 재집권 성공(차악)
⑥ 6자회담의 실패 및 부시의 재집권 성공(최악)

물론 위와 같은 여섯 가지 시나리오가 모두 1/6의 확률을 갖고 있는 것은 아닐 것이다. 만약 6가지 시나리오가 모두 같은 확률을 갖기 위해서는 6자회담의 성공, 교착, 실패가 1/3로

같고 부시의 재집권 여부 역시 1/2로 계산해야 하지만, 한반도 정세와 미국의 대선을 예측해보면 변수별 전개 시나리오는 달라질 것이기 때문이다. 나중에 자세히 설명하겠지만, 거칠게 예측해보자면 6자회담이 성공하거나 실패할 확률보다는 교착 상태로 지속될 확률이 가장 높아 보인다.6)

　향후 한반도의 정세와 관련해 6자회담보다 더 큰 변수가 될 것으로 보이는 미국의 대선은 2000년 대선 못지않은 접전이 될 것으로 전망되고 있다. 2004년 11월 2일 치러질 미국 대선은 조지 W. 부시 현 대통령이 재선에 도전하고, 민주당에서는 존 케리 상원의원이 사실상의 후보로 결정된 상태이다. 부시 후보는 현직 대통령이라는 프리미엄에 대선자금 모금에서 압도적으로 유리한 위치를 점유하고 있으며, 선거인단 수에서도 유리한 입지를 확보함으로써7) 재선 기반을 다져나가고 있다. 그러나 한편으로는 이라크 침공을 정당화하기 위한 대량살상 무기(WMD) 정보조작 의혹 및 유혈사태 지속, 대규모 감세정책과 국방비 증액으로 인한 재정적자 악화, 병역기피 의혹, 고용 문제 악화 등으로 지지율 하락 추세에서 헤어나지 못하고 있는 실정이다. 여기에 덧붙여 현재 본격화되고 있는 케리 후보에 대한 검증 결과, 미국 대선을 앞둔 시점에서의 경제상황, 9.11 테러 배후로 지목받아온 오사마 빈 라덴의 체포 여부 및 사담 후세인에 대한 재판 결과, 북한 핵문제 등도 중요한 관전 포인트라고 할 수 있다. 이러한 내용들을 종합해볼 때, 미국 대선전은 한 치 앞도 내다보기 힘든 대혼전이 될 것으로 보인다.

이러한 전망에 기초해 6가지 시나리오를 보면, 차선과 차악인 ②와 ④의 가능성이 가장 높고, 나머지는 모두 비슷한 확률을 갖고 있다고 할 수 있다. 그런데 문제는 시나리오의 우열을 가리는 핵심 변수인 미국의 대선은 기본적으로 미국 국내의 문제이기 때문에 우리가 개입할 수 있는 여지가 거의 없다는 점이다. 또한 시간적으로는 6자회담이 미국의 대선보다는 앞선 변수이지만, 미국의 대선이 한반도 평화 문제와 관련해 6자회담보다 비중이 더 높을 뿐만 아니라 6자회담의 성패에도 상당한 영향을 주는 변수라는 점에서 남한이 향후 한반도의 정세를 주도적으로 관리해나가기란 대단히 어려운 일이다. 우리가 미국 대선 이후까지 대비해 여러 가지 치밀하고도 다양한 대책을 마련해야 할 이유가 바로 여기에 있는 것이다.

6자회담에 나선 북한과 미국의 선택은?

다른 대안이 강구되지 않는다면, 6자회담은 그야말로 한반도의 생사가 걸린 회담이라고 해도 과언이 아니다. 남한과 중국이 6자회담의 성사를 위해 사활을 건 외교전을 펼치고 있고, 북한과 미국이 쉽사리 6자회담을 결렬시키지 못하고 있는 것은, 그만큼 한반도는 물론이고 국제정세에 있어서 6자회담이 중요하다는 것을 보여준다.

그렇다면 6자회담은 과연 어떻게 전개될 것인가? 여러 가지 난관을 뚫고 포괄 합의문이 도출돼 한반도와 동북아에서 일종의 '평화 로드맵' 역할을 하게 될 것인가? 아니면 결국 파국을 맞아 한층 불확실하고 위험한 상황으로 이어질 것인가? 그것도 아니면, 장기간 동안 어정쩡한 상태로 지속되면서 2004년 11월 미국 대선 이후에나 그 운명이 결정될 것인가?

일단 북미 양측의 입장과 요구사항을 볼 때, 6자회담의 전망을 낙관적으로 보기는 어려울 것 같다. 우선 1994년 제네바 합의에 대해 양측 모두 배신감을 갖고 있는 상황에서, 북한과 미국은 제네바 합의 때보다 더 확실하게 자신들의 요구사항을 관철시키려고 할 것이다. 북한이 제네바 합의를 위반하고 비밀리에 핵개발을 시도했다고 보고 있는 미국은 이번에는 북핵 프로그램을 완전히 폐기시킴으로써 두 번 다시 북한이 핵카드를 꺼내들지 못하게 하는 것을 1차적인 목표로 삼고 있다. 부시 행정부가 틈만 나면 "북한이 먼저 완전하고 검증 가능하며 돌이킬 수 없는 방식으로 핵 프로그램을 종식시켜야 한다"고 강조하는 것은 이를 잘 보여준다.[8] 이에 대해 북한은 미국으로부터의 확고한 안전보장과 경제제재 및 테러지원국 해제, 에너지 손실분에 대한 보상 그리고 관계 정상화가 마무리되기 전까지는 '핵 폐기'를 완료하지 않을 것이다. 미국의 약속 이행에 대해 불신을 갖고 있는 북한으로서는 핵시설을 ('동결'이 아닌) '폐기'한다면 미국의 약속 이행을 강제할 수 있는 수단을 잃을 수 있다고 판단할 것이기 때문이다. 북한이 제네바 협상 당시에 핵시설 폐기를 경수로 완공을 비롯한 미국측의 약속 이행 '이후' 시점으로 고집하면서 '핵동결'을 관철시켰던 것도 이러한 맥락에서 이해할 수 있다. 이러한 북미 양측의 근본적인 입장 차이는 6자회담의 전망을 어둡게 하는 가장 중요한 요인이다.

둘째로, 미국이 6자회담을 통해 북한의 무장해제 및 체제변화를 어느 정도까지 요구할 것인지도 6자회담 성패의 핵심요소이다. 현재는 핵문제만 해결되면 모든 문제가 해결될 것 같은 분위기이지만, 핵문제가 해결 국면에 접어들면 미국이 북한의 생화학무기, 탄도미사일, 재래식 군사력 및 인권 문제까지 거론할 가능성이 대단히 높다. 핵문제 자체도 해결하기 힘든 상황에서 이러한 문제들까지 제기될 경우 6자회담의 전망은 더욱 어두워질 수밖에 없다.[9]

셋째로, 정치적으로는 물론이고 기술적인 관점에서도 북한 핵 프로그램을 사찰하고 검증하는 것이 대단히 까다로운 문제라는 점 역시 6자회담의 전망과 그 이후 합의사항의 이행을 어렵게 하는 요인이다. 북미 양측의 '불신의 게임'이 될 수밖에 없는 상황에서 미국은 '북한 핵폐기와 관련해 100%의 검증'을 요구하고 나올 것이고, 북한은 '주권 침해'를 주장하면서 사찰 및 검증 범위를 최소화하려고 할 것이다.

부시의 선택은?

6자회담의 성패가 미국 대선에 대한 북미 양측의 전망과 계산에 따라 상당 부분 영향을 받게 될 것이라는 점 역시 중요하다.[10] 특히 미국의 이라크 점령 및 후세인 체포, 이란의 핵 사찰 수용, 리비아의 대량살상무기 포기, 시리아의 대미관계 개선 노력 등이 잇따르면서 북한이 미국의 대외정책에서 차지하는 비중은 갈수록 높아지고 있다. 이는 북핵 문제가 미국 대선에서도 주요 변수로 작용할 가능성이 높다는 것을 의미한다. 민주당의 대선 후보인 존 케리 상원의원이 부시 행정부의 공략 지점 가운데 하나를 대북정책에서 찾고 있는 점 또한 이러한 전망을 뒷받침해주고 있다.

일단 '열쇠'를 쥐고 있는 부시 행정부는 '현상유지' 차원에서 6자회담을 관리하려고 할 것이다. 대선 전에 6자회담을 통해 새로운 합의문을 도출하는 것이나 6자회담 판 자체를 깨는 것보다는 현 상태를 유지하는 것이 대선에 유리하다고 판단할 가능성이 높기 때문이다. 제네바 합의문을 대체할 새로운 합의문을 도출하기 위해서는 북한의 요구를 상당 부분 수용해야 하지만, 여전히 막강한 영향력을 보유한 미국 내 강경파들이 이를 수용할 가능성은 극히 낮다. 동시에 6자회담의 '형식'이 다자틀로 짜여 있는 만큼, 이 회담을 부시 행정부가 일방주의를 추구하지 않고 있다는 점을 반증하는 근거로 내세우려고 할 것이다.

그러나 6자회담 자체를 무산시키는 것 역시 부시 행정부에게는 큰 부담이 될 수밖에 없다. 6자회담이 좌초될 경우 북한의 행동을 통제하기가 대단히 어려울 뿐만 아니라, 북미 직접 협상을 마다하고 선택한 다자회담이 실패할 경우 대선을 앞두고 적지 않은 공세를 자초할 것이기 때문이다. 특히, 6자회담의 좌초가 북한의 공개적인 핵무기 보유로 이어질 경우, 미국이 탈냉전 이후 세계전략의 핵심으로 삼아온 핵무기비확산전략에 엄청난 파열음을 내는 것으로서, 대선을 앞둔 부시 행정부에게는 악재가 될 수밖에 없다.

이러한 분석과 전망에 기초할 때, 부시 행정부는 표면적으로는 유연한 자세를 보이면서도 본질적으로는 대북정책을 변화시키지 않은 채 6자회담을 현 상태로 유지시키려고 할 것이다. 이런 상황에서는 만일 6자회담이 깨지더라도 '북한 때문'이라는 명분을 만들어낼 수 있기 때문이다.

그러나 부시 행정부가 재선을 낙관할 수 없는 상황에 몰릴 경우, 의도적으로 북한과의 긴장을 고조시킴으로써 '안보 문제'를 이번 대선의 최대 쟁점으로 삼으려고 할 가능성도 배제할 수 없다. 이는 민주당 후보를 '안보를 무시하는 이상주의자'로 몰아붙이려는 부시 진영의 전략과도 맞물린 것이다. 부시 행정부가 긴장을 고조시키는 것을 선택할 경우, 그 방식은 북한으로 하여금 6자회담에서 뛰쳐나가게 하는 것이 될 가능성이 높다. 즉, 부시 행정부가 6자회담에서 계속 경직되고 까다로운 입장을 고수해 북한으로 하여금 '6자회담 무용론'을 떠올리게 하고, 6자회담 밖에서는 한반도 안팎에서의 군사훈련 강행 및 군사력 증강, 대량살상무기 확산방지구상(PSI) 실행, 북한 인권 문제 제기 등을 통해 북한을 궁지로 몰아넣는 방식을 취할 가능성이 높다는 것이다. 이러한 부시의 유인책에 넘어가 북한이 6자회담을 거부하고 강경하게 나오면, 부시 행정부는 '강한 미국'을 주창하며 케리 진영에 대한 안보 공세를 강화할 수 있게 되는 것이다. 정리하자면, 대선을 앞둔 부시 행정부는 북핵 문제 해결책에 대한 선택의 우선순위로

'현상유지'를, 두 번째로는 '의도적인 긴장고조'를 삼고 있으며, '평화적 해결'은 거의 고려하지 않고 있다고 볼 수 있다.

북한의 선택은?

미국과 함께 6자회담의 성패를 좌우할 핵심적인 행위자인 북한의 전략과 선택 역시 중요하다. 이미 여러 차례에 걸쳐 '동시행동'과 '일괄타결'이 받아들여질 경우 형식이나 표현에 구애받지 않겠다는 입장을 밝혀온 북한은 앞으로도 미국과의 조속한 담판을 시도하려고 할 것이다. 일부에서는 북한이 미국 대선에서의 정권 교체를 기대하면서 '시간 끌기'를 선택할 가능성이 높다고 전망하고 있지만, 이는 설득력이 약한 예측이라고 할 수 있다. 한 치 앞도 내다보기 힘든 미국의 대선과 관련해 북한이 민주당 정권의 출범을 기대하면서 '그럭저럭 버티기'를 선택한다는 것은 자신의 운명을 도박에 거는 것과 마찬가지이기 때문이다. 또한 극심한 경제난과 국제적 고립의 지속으로 인해 북한의 내구성이 떨어지고 있는 점도 고려하지 않을 수 없다. 이러한 점들을 종합해볼 때, 북한이 가급적 빨리 미국과의 담판을 통한 체제생존의 길을 모색하는 것이 합리적 선택이라고 할 수 있다.

그러나 부시 행정부가 '조기 담판'을 원하는 북한의 요구를 수용할 가능성이 대단히 낮다는 점에 북한의 딜레마가 있다. 이에 따라 6자회담의 성공을 위해서는 부시 행정부가 근본적인 자세변화를 보이든지, 북한이 '파격적인 양보안'을 제시하든지 둘 중의 하나는 있어야 할 상황이다. 그러나 앞서 언급한 것처럼, 부시 행정부는 표면적으로 유연한 태도를 보일 가능성은 있지만, 본질적인 변화를 추구하지는 않을 것이다. 북한 역시 '양보할 만큼 양보했다'는 인식을 갖고 있기 때문에, 추가적인 양보안을 제시하기란 쉽지 않은 상황이다.

2002년 10월, 이른바 북핵 문제가 불거진 이후 북한은 미국과의 불가침조약 체결을 고수했으나, 일 년이 지난 후 부시 대통령이 언급한 다자간 서면 안전보장안 수용을 고려할 수 있다는 입장을 보여왔다. 특히 2차 6자회담이 모색되었던 2003년 12월 9일에는 '첫 단계 동시행동'을 제안하기도 했다. 북한이 제안한 '첫 단계 행동조치'는 "핵활동을 동결하는 대신 미국의 테러지원국 명단 해제, 정치·경제·군사적 제재와 봉쇄 철회, 미국과 주변국의 중유·전력 등 에너지 지원과 같은 대응조치가 취해져야 한다"는 내용을 담고 있다. 특히 핵 동결조치와 관련해 "핵무기를 더 만들지 않고, 시험도 이전도 하지 않으며 평화적 핵동력공업까지 멈춰 세우는 동결조치"라고 설명하면서 이를 "또 하나의 대담한 양보"라고 주장했다.

또한 2003년 12월 14일에는 "그 표현은 어떠하든 동시일괄타결안에서 출발해야 할 것"이라고 말해 요구사항이 충족되면 미국측에서 만든 '조화된 조치(coordinated step)'라는 표현을 수용할 의사가 있다는 것을 암시했고, "이제라도 미국이 우리의 동시일괄타결안을 전면적으로 받아들인다면 미국이 바라는 핵 완전철폐로 대답할 준비가 되어 있다"고 말해, 완전 핵

폐기도 수용할 수 있다는 입장을 밝혔다.[11] 이러한 내용을 종합할 때 북한으로서는 '양보할 만큼 양보했다'는 인식을 갖는 것도 무리가 아니다.

그러나 부시 대통령이 북한이 제안한 첫 단계 행동조치를 거부한 것에서 알 수 있듯이,[12] 미국의 완강한 태도는 거의 변할 조짐을 보이지 않고 있다. 기대를 모았던 2차 6자회담에서도 미국은 이른바 "완전하고 검증 가능하며 돌이킬 수 없는 방식으로 북한이 모든 핵 프로그램을 폐기해야 한다"는 기존의 입장을 되풀이했고, 결국 '원칙적인 합의'에도 이르지 못했다.[13]

이러한 상황에서 북한 역시 차선책으로 미국 대선까지 기다리는 현상유지를 선호할 가능성이 있다.[14] 북한이 추가적인 양보안을 제시하는 것은 앞서 언급한 이유 때문에 쉽지 않고, 6자회담 자체의 판을 먼저 깨는 것은 국제적인 고립이 가속화되고 미국 주도의 제재와 봉쇄의 수위 역시 높아질 것이라는 점에서 결코 쉽지 않은 선택이기 때문이다. 그러나 북한이 현상유지를 선택하는 것도 쉬운 일은 아니다. 현상유지를 선택하기 위해서는 '미국 대선 이후에 더 나은 미래가 열릴 수 있다'는 어느 정도의 확신이 있어야 하지만, 부시의 낙선을 장담할 수 없는 상황에서 현상유지를 선택하는 것은 그야말로 '생명을 건 도박'과도 같은 일이다. 북한이 6자회담에 더 이상 기대할 것이 없고 부시의 재선 가능성도 높다고 판단할 경우 미국 대선을 앞두고 핵실험이나 탄도미사일 발사실험과 같은 초강수를 둘 가능성을 배제할 수 없는 이유가 바로 여기에 있는 것이다.

미국 대선과 북풍

만약 북한이 6자회담을 통해 기대할 것이 없어지고 부시 행정부가 재선에 성공할 가능성도 높은 '절망적인 상황'에 봉착하면 어떤 선택을 하게 될까? 파격적인 양보안을 제시하면서 6자회담에서의 돌파구 마련을 시도할 것인가? 아니면 핵실험이나 탄도미사일 발사와 같은 초강수를 두면서 미국과의 벼랑끝 대결을 선택할 것인가? 아니면 말로는 거친 표현을 쏟아내면서도 극단적인 행동에는 나서지 않는 '현상유지'를 계속할 것인가?

일단 북한은 공식적으로는 "시간을 끄는 것은 우리 공화국에도 나쁠 것이 별로 없다"며, "미국의 지연전술은 우리 공화국을 끊임없는 핵 억제력 강화로 떠미는 결과만을 초래하게 될 것이다"라고 밝히고 있다. 그러나 북한이 명시적으로 이른바 '금지선'을 넘을 경우, 국제적 고립화와 미국 주도의 경제적·군사적 봉쇄 강화 그리고 미국의 무력사용까지 우려해야 할 상황에 직면할 수 있다는 점에서, 쉽게 이러한 길을 선택하지는 않을 것으로 전망된다. 특히 북한으로서는 자신이 핵실험이나 탄도미사일 발사실험과 같은 초강수를 두고 나올 경우 남한은 물론이고 중국과 러시아도 어떻게 돌변할지 모르는 상황이라는 점을 고려하지 않을 수 없다.

이와 관련해 2003년 10월 중순 북한과 장관급 회담을 마치고 돌아온 정세현 통일부 장관이 "북측은 (외무성 대변인의 핵 억제력 공개 언급에 대해) 미국이 북미 접촉에는 관심 없이 압박만 하니 대화를 유도하기 위한 것이라고 설명했다"고 밝힌 것 역시 주목할 필요가 있다. 2003년 하반기 들어 부쩍 늘어난 '북한의 핵 억제력 보유 발언'이 핵무기의 실질적인 개발보다는 협상용의 성격이 강하다는 것을 북한 스스로 강력하게 암시한 것이기 때문이다.

따라서 북한이 6자회담에도 기대할 것이 없고 부시의 재선 가능성도 높은 '절망적인 상황'에 봉착하더라도, 일단 '단기적으로는' 핵실험이나 장거리 미사일 실험발사와 같은 '초강수'를 둘 것으로 보이지는 않는다. 다만 지금까지 그랬듯이 정치적 발언 수위를 높이면서 미국을 압박하려고 할 가능성이 높아 보인다. 동시에 이를 통해 남한과 중국의 지원과 대미 설득도 기대할 것으로 보인다.

그러나 미국이 본격적으로 대선전에 진입하는 2004년 하반기부터는 북한의 선택을 예측하기가 더욱 어려워진다. 특히 부시가 재선에 성공할 경우 자신을 제거하려 할 것으로 판단할 가능성이 높기 때문에, 북한이 대미 억제력 확보 차원에서 핵·미사일 전력 확보에 박차를 가할 가능성도 배제할 수 없다. 여기에는 부시 행정부가 본격적인 대선전에 뛰어든 만큼 또다시 전쟁을 벌이기란 어려울 것이라는 점과, 초강수를 두는 것이 부시를 궁지에 몰아 미 대선에 영향력을 행사할 수 있을 것이라는 북한 내부의 판단이 작용할 수도 있다. 동시에 북한은 이러한 초강수를 두더라도 "협상의 여지는 있다"며 부시와의 최후 담판이나 '직접 협상'을 주장해온 민주당 후보에게 지원사격을 해주는 전략을 선택할 가능성도 있다.

미국 대선과 북한 변수

그렇다면 만약 대선을 코앞에 둔 시점에 이와 같은 '워싱턴 행(行) 북풍(北風)'이 불어온다면 부시 행정부는 어떤 선택을 하고, 미국 대선에는 어떤 영향을 줄 것인가? 일단 이라크 문제를 고려하더라도, 이와 같은 상황이 벌어지면 북한 문제는 미국 대선에서 최대 이슈로 부각될 것이다. 탈냉전 이후 미국에 의해 '깡패국가'로, 부시 행정부 출범 이후에는 '악의 축'으로 지목받아온 북한이 이란이나 리비아와는 정반대로 핵무기를 공개적으로 보유하거나 장거리 탄도미사일 발사실험을 실시한다면, 대선을 앞둔 부시 외교는 도마 위에 오르지 않을 수 없기 때문이다.

이라크 상황 및 재선 가능성에 대한 판단에 따라 유동적인 측면이 있지만, 부시 행정부는 북한의 초강수에 바로 무력사용으로 대응하지는 않을 것으로 보인다. 북한에 대한 무력사용이 주한미군을 포함한 막대한 인명피해 및 경제적 대혼란을 야기할 수 있는 전면전으로 이어질 가능성이 높고, 이는 재선 가도에 엄청난 부담으로 작용할 것이기 때문이다. 물론 이라크 상황이 여의치 않아 '탈출구'를 찾아야 하고 재선 가능성도 낮아지는 '절망적인 경우'에는, 부시가 또 다른 전쟁을 통해 극적인 반전을 모색하는 무리수를 둘 가능성도 있지만, 이는 상당히 가능성이 낮다고 할 수 있다.

6자회담이 결렬되고 북한이 초강수를 두고 나올 경우, 부시 행정부는 북핵 문제를 유엔 안전보장이사회에 회부하는 것과 함께, 한반도에서 억제력을 강화한다는 명분으로 군사력 강화에 박차를 가할 것이다. 동시에 MD 등 군사력 강화 및 '힘에 의한 외교'의 필요성을 강조하면서 민주당 진영의 공세를 차단하려고 할 것이다. 또한 안보 문제를 대선의 핵심적인 이슈로 부각시키면서 민주당 후보를 '안보를 무시하는 이상주의자'로 몰아붙이고, 미국 유권자의 안보심리에 호소할 것으로 전망된다. 즉, 북풍(北風)이 워싱턴으로 불어오면, 이를 피하지 않고 선거 호재로 삼는 데 부시 행정부는 총력을 기울일 것이다.

반면 케리는 상당히 곤혹스러운 입장에 처할 것으로 보인다. 북한의 공개적인 핵무기 보유가 분명 부시 행정부를 공격할 수 있는 호재임에 틀림없지만, 대응책을 제시하기가 쉽지 않을 것이기 때문이다. 존 케리 민주당 후보는 부시의 대북정책을 비판하면서 북한과의 직접 협상을 주장해왔지만, 동시에 이들은 북한이 넘지 말아야 할 명확한 '금지선'을 그어야 한다고도 말해왔다. 그런데 북한의 핵실험이나 탄도미사일 발사는 이들이 말하는 금지선을 넘는 것이기 때문에, 선거를 앞둔 민감한 시점에 북한과의 직접 협상을 계속 주장할 수 있을지는 불확실하다. 만약 민주당 후보가 북한과의 직접 협상을 계속 주장하면, 부시 진영을 비롯한 강경파로부터 "북한의 협박에 굴복하려고 한다"는 역공세에 직면할 수 있다는 점을 고려하지 않을 수 없기 때문이다.

북한, 벼랑 끝 전술 자제해야

미국 대선 결과에 사활이 걸린 북한으로서는 어떠한 형태로든 미국 대선에 개입하고 싶어할 것이다. 그러나 북한이 대선을 앞두고 핵이나 미사일을 이용해 무력시위를 벌이는 것은 위에서도 설명한 것처럼 오히려 역효과를 낼 가능성이 높다는 점을 알아야 한다. 더구나 이러한 무력시위는 미국 대선 이후의 한반도 정세를 더욱 위태롭게 만들 것이라는 점에서 북한의 신중하고도 현명한 판단이 요구된다.

북한이 미국 대선에 개입하고 싶다면, 오히려 적극적인 '평화시위'를 하는 것이 더 효과적이다. 평화시위에는 6자회담에서 대부분의 사람들이 공감할 수 있는 대담한 제안을 내놓아 부시 행정부가 더 이상 거부할 수 없는 명분을 만드는 것, 미국 대선을 앞두고 북한의 핵포기를 전제로 한 남북정상회담을 개최하거나 NPT 복귀를 선언하는 것, 북한 나름대로 국제사회의 공감을 얻을 수 있는 포괄적인 평화구상을 발표해 미국에게 이를 수용할 것을 촉구하는 것 등을 생각해볼 수 있다. 이러한 북한의 적극적인 평화 노력에도 불구하고 부시 행정부가 끝까지 비타협주의를 고수한다면, 부시의 대북정책을 중요한 공세 지점으로 삼고 있는 민주당 후보에게 적지 않은 힘을 실어주게 될 것이다.

특히 위에서도 언급한 북핵 문제와 미국의 MD 계획 사이의 관계를 볼 때도, 북한의 적극적인 평화 노력은 대선을 앞둔 부시 행정부를 더욱 곤혹스럽게 만들 것이다. 북한이 가시적인 형태로 핵포기 노력을 보여주거나 누구나 공감할 수 있는 적극적인 평화 제안을 내놓았는데도 부시 행정부가 북한과의 진지한 협상을 거부할 경우, 민주당 후보와 시민단체들은 이를 부시의 MD 계획과 연결시켜 "MD 명분을 살리기 위해 부시가 북한과의 협상을 거부하고 있다"는 공세를 펼 수 있기 때문이다.

물론 북한이 이러한 평화적 노력을 기울인다고 하더라도 미국 대선의 판세 자체가 바뀌지는 않을 것이다. 그러나 초강수를 두면서 미국과의 벼랑 끝 대결을 선택하는 것보다는 평화 공세를 펴는 것이, 6자회담 및 미국 대선에 미치는 영향과 미국 대선 이후 북한의 입지 등을 종합적으로 고려할 때 훨씬 비교 우위에 있는 선택이라고 할 수 있다.

북한으로 하여금 절망적인 상황—즉, 6자회담에서 기대할 것이 없고 부시의 재선 가능성도 높은 상황—에서 위기를 고조시키는 선택을 하지 않게 하기 위해서는 남한의 역할도 중요하다. 미국과의 관계에서 궁지에 몰린 북한이 남한과의 관계에서도 기대할 것이 없다고 판단하면, 북한의 행동을 제어하기란 더욱 어려워지기 때문이다. 따라서 남한은 개성공단, 금강산 관광, 경의선·동해선 연결 등 3대 경협사업을 꾸준히 진척시켜 남북경협을 공고화·제도화하는 데 노력하는 한편, 특사 교환 등을 통해 대화 채널을 확보하고 군사·안보 문제 해결에도 적극적으로 나서야 할 것이다.

난제 중의 난제, 북핵 사찰과 검증

거의 거론되지 않고 있지만, 향후 한반도 정세와 관련한 가장 심각한 위기요인은 북한 핵 프로그램의 사찰 및 검증 문제에 있다. 이 문제는 6자회담의 성패에도 핵심적인 요인이 될 뿐만 아니라, 6자회담이 잘 진행돼 어떤 형태의 합의문이 도출되더라도 사찰 및 검증 과정에서 폭발할 수 있는 '시한폭탄'과도 같은 문제이기 때문이다.

어느 것도 확실치 않은 북한 핵 프로그램 자체를 완벽하게 사찰·검증하는 것부터가 불가능할 뿐만 아니라, 1993~1994년 한반도 전쟁 위기가 '사찰 과정'에서 폭발했다는 점, 10년에 걸친 대(對)이라크 사찰에도 불구하고 미국이 이라크 침공을 강행했다는 점, 이란의 핵 프로그램을 둘러싸고 미국과 이란 사이에 갈등이 일고 있다는 점, 그리고 북한과 미국 사이의 불신이 최고조에 달하고 있다는 점 등을 떠올리면, 사찰 및 검증 문제가 왜 '시한폭탄'의 성격을 갖고 있는지 이해할 수 있다. "6자회담은 준비운동, 사찰검증이 본 게임"이라는 말도 이러한 맥락에서 나오는 것이다.[15)]

그러나 정작 정부는 이 문제의 심각성을 알고 있는지 의심스러울 정도로 안일한 모습을 보이고 있다. 정책 수립의 기본이 되는 북핵 정보 '수집'을 미국에 전적으로 의존하고 있는 것은 어쩔 수 없는 현실이라고 하더라도, 정보 '분석' 및 대책 마련에 있어서도 전문성의 부족과 부처 간 공조체계의 미흡 등으로 '미래의 위기'를 방치하고 있다고 해도 과언이 아니다. 정부가 북핵 문제를 생사가 걸린 문제라고 말하고 있긴 하지만, 핵 전문가로 구성된 '상시적인 전담 부서'가 하나도 없다는 것은 이러한 현실을 잘 보여준다.[16)] 이러한 현실은 안 그래도 힘의 역학관계와 비핵국가라는 위치로 인해 6자회담에서 주도권을 확보하기 힘든 우리나라가 핵사찰 및 검증 문제의 논의 단계에서 철저하게 '이방인'으로 전락할 수밖에 없음을 예고해준다.

정부가 이처럼 핵사찰 및 검증 문제에 대해 둔감한 모습을 보이고 있는 이유는 이 문제를 '현안'으로 보고 있지 않기 때문이다. 반면 미국은 이 문제를 차기 6자회담에서 핵심 의제로 삼겠다는 의사를 여러 차례 밝히고 있다. 「워싱턴포스트」가 2003년 12월 19일자 신문에서 "6자회담에서 부시 행정부의 핵심 목표는 북한이 자신의 핵 프로그램을 어떻게 해체할 것인지를 밝히는 것을 알기 위한 것"이라고 행정부 관리의 말을 인용 보도한 것은 이를 잘 보여준다. 이는 결국 고집스러운 부시 행정부를 설득해 6자회담을 성공적으로 이끌기 위해서는 현실적이고도 합리적인 북핵 사찰 및 검증 방안을 강구해야 한다는 것을 의미한다.

북핵 사찰과 검증은 왜 어려운가

북한의 핵 프로그램을 만족할 만한 수준으로 사찰하고 검증하는 것이 어려운 1차적인 요인은 핵무기 개발 의혹과 관련해 어느 것 하나 확실한 것이 없다는 점에 있다. 네 가지 차원에서 접근할 수 있는 북한 핵개발 의혹을 하나씩 뜯어보면 사찰 및 검증이 얼마나 어려울지 충분히 예견할 수 있다.

첫 번째 문제는 2002년 10월 한반도 위기의 기폭제가 되었던 고농축 우라늄 프로그램의 존재 여부 및 그 수준이다. "북한이 비밀 핵개발을 시인했다"는 미국의 주장과 "미국이 날조했다"는 북한의 주장 가운데 누구의 것이 맞는지 그 진위를 밝히는 것도 정치적으로 대단히 어려운 일일 뿐만 아니라, 원심분리기를 이용해 우라늄을 농축하는 시설은 작은 공간에서도 가능하고, 기기를 가동할 때 외부에서 이를 탐지하기가 쉽지 않기 때문에, 북한 전역에 대한 사찰을 하지 않는 한 100%의 검증은 불가능하다. 더구나 북한은 지하 벙커와 터널이 많기로 유명하다.

두 번째는 북한이 약 8천 개에 달하는 사용 후 연료봉을 어느 정도 수준까지 재처리해서 얼마만큼의 무기급 플루토늄을 보유하고 있는지의 문제이다. 북한은 2003년 4월부터 공개적으로 재처리가 상당 부분 진행되었다고 주장하고 있지만, 미국 등 외부에서는 이를 확인할 수 있는 증거 미확보로 인해 북한의 정확한 재처리 수준을 판단하지 못하고 있는 실정이다.

세 번째는 북한의 핵무기 보유 여부이다. 1990년대 초반부터 미국의 CIA 등은 북한이 1-2개의 원시적인 수준의 핵무기를 보유한 것으로 추정해왔지만, 이를 뒷받침할 증거는 내놓지 못하고 있다. 북한 역시 여러 차례에 걸쳐 "핵 억제력을 갖게 되었다"는 표현을 쓰고 있어, 북한의 실질적인 핵무기 보유 여부를 판단하기가 더욱 어려워지고 있다.

네 번째는 1993~1994년 당시 한반도를 전쟁 일보 직전까지 몰고 갔던 북한의 플루토늄 보유량 추정에 대한 '불일치'의 문제이다. 이 문제는 지금은 거의 거론되고 있지 않지만, 10년 전 전쟁 위기의 가장 근본적인 요인이었을 뿐만 아니라, 사찰 및 검증 자체가 대단히 까다롭다는 점에도 주목해야 한다. 당시 북한은 실험용으로 90g의 플루토늄을 추출했다고 IAEA에 보고했지만, IAEA는 사찰 결과 플루토늄 추출량을 6-8Kg으로 보고 미신고 시설에 대한 특별 사찰을 주장한 바 있다. 따라서 미해결된 이 사안 역시 사찰 및 검증 단계에서 복병으로 등장할 가능성이 대단히 높다.

1993~1994년 당시 위에서 언급한 네 번째 문제, 즉 '불일치'의 문제로 전쟁 일보 직전까지 갔던 사례를 떠올려보면, 앞으로 위의 네 가지 핵 프로그램을 사찰·검증하는 문제가 얼마나 큰 잠복요인인지를 충분히 예상할 수 있다.

이러한 점들을 고려할 때 부시 행정부의 재선 여부는 핵사찰 및 검증 문제와 관련해서도 대단히 중대한 의미를 갖는다. 2004년 11월 미국 대선 전에 6자회담을 통해 '제네바 합의를 대체할 새로운 합의문'이 도출되더라도, 부시 행정부 2기가 북한 핵 프로그램 사찰의 투명성과 완전성의 미비를 이유로 판 자체를 뒤엎을 가능성이 얼마든지 있기 때문이다. 근본적으로 부시 행정부는 북한의 현시적인 핵 프로그램은 물론이고 잠재력까지 완전히 뿌리뽑겠다는 초강경 입장을 갖고 있을 뿐만 아니라, 북한의 핵 프로그램과 관련해 지금까지 해온 말들이 있기 때문에 대단히 까다로운 사찰 및 검증을 요구할 것이다. 부시 행정부는 이라크 침공을 합리화하기 위해 대량살상무기 정보를 조작했고 이란의 핵활동에 대한 IAEA의 평가에 강력한 불만을 나타낸 바 있다. 이런 그들이, 예를 들어 IAEA가 '북한이 HEU를 이용해 핵무기를 만들려고 했다는 믿을 만한 근거가 없다'는 평가를 내릴 경우 이를 수용할 가능성은 거의 없다는 것이다.

이와 관련해 6자회담 성사 과정에서 부시 행정부 내의 강온파가 어떻게 어정쩡한 정치적 타협을 했는지를 살펴볼 필요가 있다. 북한과의 외교적 협상 자체를 반대해온 강경파들은 6자회담을 받아들이는 조건으로 이라크에 버금가는 '강압적이고 자극적인 사찰(challenging and intrusive inspection)'을 관철시켜야 한다고 고수했고, 이는 상당 부분 수용됐다. 한마디로 '100% 검증이 불가능한 북한 핵 프로그램을 100% 검증하겠다'는 것이 미국 내 강경파의 생각이고, 부시 행정부가 6자회담에서 이러한 방향의 북핵 사찰 및 검증 문제를 제기할 가능성이 대단히 높은 것이다. 그리고 이는 남한과 일본의 강경파들에게도 영향을 미쳐 현실적이고도 합리적인 북한 핵 프로그램의 사찰 및 검증 방안을 마련하는 데 근본적인 걸림돌로 작용할 것이다. 이에 대해 북한이 '주권 침해'를 들고 나오면서 부시 행정부의 의도에 불안감을 가지고 강력하게 반발할 것이라는 점 역시 어렵지 않게 예상할 수 있다.

물론 미국에 민주당 정부가 들어선다고 해서 사찰 및 검증 문제가 순조롭게 풀릴 것이라 기대하는 것도 쉽지 않다. 앞서 언급한 것처럼 북한 핵 프로그램 자체가 대단히 모호해 사찰과 검증이 어려울 뿐만 아니라, 민주당 정부가 강경한 입장을 취하지 않을 경우 미국 내 강경파들로부터 엄청난 정치적 공세에 시달릴 것이기 때문이다. 1993~1994년 당시 핵사찰을 둘러싸고 북한과의 대결이 고조되면서 북폭을 추진했던 정권이 바로 민주당이었다는 점 역시 간과해서는 안 될 것이다.

그러나 민주당의 대북정책에서 가장 중요한 목표가 북한의 핵무장 방지에 있다는 점을 보면 '딴 목적' 때문에 북한의 핵 사찰 및 검증 문제와 관련해 시비를 걸 가능성은 상대적으로 낮다고 할 수 있다. 이는 '북한 정권 교체' 유혹을 버리지 못하고 있는 부시 행정부가 북한 정권 붕괴전략의 일환으로, 혹은 북한위협론 활용전략의 일환으로 사찰 및 검증 문제를 접근할 가능성이 높다는 점과 비교할 때, 대단히 중요한 차이를 갖는다고 할 수 있다.

이라크가 주는 교훈

북한 핵 프로그램의 사찰 및 검증 문제를 생각할 때, 이라크의 사례 역시 참고할 만하다. 잘 알려진 것처럼, 이라크는 1991년 걸프전 이후 미국 주도의 유엔 사찰을 8년간 받은 바 있다. 그러다가 1998년 말 경제제재 해제 문제와 사찰단의 스파이활동 논란으로 유엔 사찰단이 이라크에서 철수하면서 사찰은 일시 중단되었고, 2002년 말부터 다시 시작되었다. 그러나 사찰이 진행중임에도 불구하고 부시 행정부는 후세인 정권이 대량살상무기를 은폐하고 있다며 침공을 강행했다.

이는 북한 핵사찰과 관련해 두 가지 교훈을 주고 있다. 하나는 대(對)이라크 유엔 사찰활동에 참여했던 스콧 리터 등 일부 사찰단이 "후세인의 은신처 등 이라크의 민감한 정보를 미국에게 전달했다"는 내용을 골자로 한 양심선언으로 드러났듯이, 대북 사찰활동에서도 '스파이 논란'이 불거질 수 있다는 점이다. 이는 사찰의 범위와 대상을 설정하는 데 첨예한 쟁점이 될 가능성이 높다. 1993~1994년 핵위기 당시 미국과 IAEA는 두

곳의 미신고 시설에 대한 특별사찰을 주장했고, 이에 대해 북한이 '주권 침해'라며 반발했던 사례는 이러한 전망에 힘을 실어주고 있다.

또 하나는 미국에 대한 불신의 문제이다. 앞서 거론한 것처럼, 부시 행정부는 유엔의 8년여에 걸친 대(對)이라크 사찰 및 후세인 정권의 자발적인 일부 미사일의 폐기, 그리고 유엔 사찰활동에 대한 적극적인 협조에도 불구하고 "후세인 정권이 대량살상무기를 개발, 은폐하고 있다"는 이유를 들어 침공을 강행했다. 사후적으로 드러났지만, 결국 대량살상무기는 이라크에 있었던 것이 아니라 단지 부시 행정부의 마음속에 있었던 것이었고, 침공을 정당화하기 위해 대량살상무기 정보를 조작한 것이었다. 이로 인해 미국의 신뢰는 땅에 떨어지고 있다. 이는 결국 미국의 이라크 침공 목적이 대량살상무기 위협 제거보다는 석유 패권과 친이스라엘 정책에서 비롯된 것임을 스스로 증명해준 꼴이 되기도 했다. 이를 똑똑히 목도해온 북한은 미국의 의도에 대해 경계심을 늦추지 않을 것이고, 이에 따라 한편으로는 사찰 범위와 대상을 최소화하고 다른 한편으로는 본격적인 사찰 이전에 미국으로부터의 확고한 안전보장을 받아내려고 할 것이다. 이는 물론 미국과 충돌할 수밖에 없는 문제이다.

북핵 사찰 및 검증과 관련해 IAEA에 대한 북미 양측의 '동상이몽'도 주목할 필요가 있다. 1990년대 초반 미신고 시설에 대한 사찰 문제로 IAEA와 정면 충돌한 바 있는 북한으로서는 사찰 및 검증 과정에서 IAEA의 역할 확대를 쉽게 받아들이지 않을 것이다. 중요한 것은 IAEA에 대한 불신은 북한만이 갖고 있는 것이 아니라는 점이다. 미국의 강경파들은 "NPT의 감시·사찰기구인 IAEA 사찰단의 활동은 너무 제한되어 있어 IAEA 사찰단이 북한에 있을 때, 거의 의미가 없었다"며, 첩보위성에서 취합된 위성사진과 탈북자 진술을 통해 모아진 정보를 지원받아, 미국과 아시아의 사찰팀이 북한의 핵폐기를 검증하는 것을 요구할 것이 뻔하다. 한마디로 IAEA 사찰도 믿을 수 없으며, 자신들이 직접 확인하겠다는 것이 미국 강경파들의 입장인 것이다. 특히 이들은 정치적으로는 물론이고 기술적으로도 완벽한 사찰 및 검증이 불가능한 북한의 고농축 우라늄 프로그램에 대한 전면적인 사찰을 요구할 것이다.[17]

미국 대선과 **MD** 그리고 한반도

의회와 전문가 그룹의 많은 사람들이 북한과 하는 거래가 국가미사일방어체제(NMD) 구축의 명분을 약화시킬 것을 우려했기 때문에 북미정상회담에 반대했다.

매들린 올브라이트 전(前) 미국 국무장관이 2003년 9월 출간된 회고록 『마담 세크러테리 *Madam Secretary*』에서 밝힌 이 내용은 대단히 의미심장한 내용을 담고 있다. 잘 알려진 것처럼 2000년 11월 미국 대선에서 조지 W. 부시가 승리한 직후, 클린턴 전 대통령의 방북은 무산되고 말았다. 그 이유의 하나로 올브라이트는 북미관계가 개선될 경우 NMD 구축에 차질이 생길 것을 두려워한 미국 내 강경파들의 반대를 직접 거론한 것이다. 참고로 NMD는 미국으로 날아오는 대륙간탄도미사일(ICBM)을 요격하기 위한 것으로, 부시 행정부는 이를 해외 주둔 미군 및 동맹국 방어용인 전역미사일방어체제(TMD)와 통합해 미사일방어체제(MD)라는 표현을 사용하고 있다.

현 시점에서 부시의 MD 구축 계획과 대북정책 그리고 점차 가열되고 있는 미국의 대선을 2000년 상황과 비교하는 것은 여러 가지로 중요한 시사점을 던져주고 있다. 북핵 문제가 첨예한 이슈로 부각되고 있는 상황에서, 부시 행정부는 '북한 위협론'을 전면에 내세우면서 MD 구축에 박차를 가하고 있는 실정이고, 민주당 진영에서는 북한과의 직접 협상을 촉구하는 한편, MD를 '대선용'이라고 공격하고 있기 때문이다. 안 그래도 복잡하기만 한 '북-미 대결'구도에 MD와 대선 변수까지 추가되면서 한 치 앞도 내다보기 힘든 상황이 연출되고 있는 것이다. 그러나 북핵과 MD 사이의 긴장관계를 제대로 보지 못하면 2000년 미국의 정권 교체기 때의 오류를 반복할지 모른다는 점에서, 한반도 문제와 MD 그리고 미국 대선 사이의 긴장관계를 유심히 살펴볼 필요가 있다.

2000년 남북정상회담, NMD를 요격하다!

김대중 정부는 2000년 4월 13일, 16대 총선을 불과 13일 앞두고 남북정상회담이 합의되었다고 발표했다. 충격적인 이 발표는 분단 이후 첫 정상회담 성사에 대한 환희보다는 '총선용'이라는 비난을 가져왔다. 한편 김대중 정부의 정상회담 발표는 미국에게도 적지 않은 충격을 안겨주었다. 남북정상회담 합의가 발표된 직후 「뉴욕타임즈」와 「워싱턴포스트」 등 미국의 유력 언론들은 "북한은 정말 위협적인가?"라는 의문을 던지면서, 북한 위협을 최대의 명분으로 삼아 추진되었던 NMD에 직격탄을 날렸다. '울며 겨자 먹기'식으로 NMD를 추진했던 클린턴 행정부로서는 도전과 기회를 동시에 만난 것이다.

'스타워즈'라는 별칭을 갖고 있는 레이건 행정부의 전략방위구상(SDI)이 약 1천 억 달러에 달하는 어마어마한 돈을 날리고, 레이건이 '악의 제국'이라고 불렀던 소련이 붕괴되면서 미국의 미사일방어구상도 냉전과 함께 사라지는 듯했다. 그러나 1991년 걸프전에서 이라크의 스커드 미사일 한 방이 미군 막사를 명중시켜 수십 명의 사상자를 낳으면서 미사일방어구상은 미국 내에서 다시 힘을 받기 시작했다.

냉전의 해체로 생존의 기로에 선 군산복합체들은 의회와 보수적 싱크탱크 등을 앞세워 MD에 적극적이지 않았던 클린턴 행정부에 압박을 가했다. 특히 북미 간의 제네바 합의 체결 직후 실시된 미 의회 선거에서 공화당이 압승을 하면서 클린턴 행정부를 몰아붙이기 시작했고, 공화당 주도의 안보 공세에 직면한 클린턴 행정부는 TMD를 우선적으로 추진하기로 했다. 이는 또한 왜 공화당이 제네바 합의를 그토록 증오했는지를 이해할 수 있는 하나의 배경이기도 하다.

클린턴 행정부는 TMD는 추진하면서도 사업 규모가 이보다 훨씬 큰 NMD에 대해서는 신중한 태도를 보였다. 미국을 미사일로 공격할 나라가 있는 것인지, 괜히 중국과 러시아를 자극해 새로운 군비경쟁을 야기하는 것은 아닌지, 총알로 총알을 맞추는 것만큼 어렵다는 미사일 요격이 과연 가능한 것이기는 한지, 돈 쓸 곳도 많은데 수천 억 달러를 이 사업에 투자하는 것이 과연 바람직한지……, 이런저런 문제들을 고려하지 않을 수 없었던 것이다.

이러한 문제로 갈팡질팡하던 NMD 구상은 1998년 8월 들어 두 가지 사건으로 새로운 국면에 접어든다. 하나는 미국 정보기관이 '텅 빈 동굴'을 '비밀 지하 핵시설'이라고 우기면서 등장한 '금창리 핵의혹 시설' 논란이고, 다른 하나는 기다리면 망할 것 같았던 북한이 건재함을 과시하듯 선진국에서나 가능하다는 3단계 로켓체를 쏘아 올린 일이다. NMD파들로서는 '광명'을 만난 셈이었다. 북한의 로켓체 발사 약 한 달 전에 '탄도미사일 위협 보고서'를 작성한 럼스펠드는 "내 말이 맞잖아" 하면서 무릎을 쳤고, 공화당 주도의 미 의회는 "가능한 빨리 NMD를 구축하라"는 법을 통과시켰다. 이제 NMD는 거스를 수 없는 대세가 된 듯했다.

그러나 '한 치 앞도 내다보기 힘들다'는 한반도 정세는 NMD가 탄탄대로를 걷는 것을 용납하지 않았다. 앞에서 언급한 것처럼, 남북정상회담이 성사되면서 NMD의 가장 큰 명분, 즉 '북한위협론'이 설자리가 좁아진 것이다. 도전과 기회 사이에서 갈팡질팡하던 클린턴은 페리 프로세스에 바탕을 둔 본격적인 대북포용정책에 시동을 걸었고, NMD 구축 여부는 차기 정권으로 넘겨버렸다. 이것이 남북정상회담 3개월 후이자 미국 대선을 2개월 앞둔 9월 1일 발표된 내용이다. 클린턴이 NMD를 취소하지 않고 유보한 것은 대선을 앞두고 이를 취소하면 부시 진영으로부터의 안보 공세에 직면할 수 있다는 판단 때문이었다. 어쨌든 남북정상회담이 미국 매파의 오랜 꿈인 NMD를 주춤하게 만든 것이다.

그로부터 4년 가까이 지난 지금, 또다시 북미관계와 MD 그리고 미국 대선은 복잡한 고차 방정식을 이루면서 대단히 흥미로운 게임을 만들어가고 있다. 여기에 "우리의 운명은 우리 스스로 개척해야 한다"며 꿈틀거리고 있는 2차 남북정상회담 움직임도 큰 변수로 등장할 수 있다.

부시의 대선 이벤트

출범과 함께 전임 정부의 대북협상 성과를 완전히 무시하면서 '북한위협론'을 앞세워 톡톡한 재미를 본 부시 행정부는 대선을 앞두고 '마지막 이벤트'를 준비하고 있다. 미사일 위협의 적실성, 막대한 예산 낭비, 기술적인 결함 및 실효성, 군비경쟁에 대한 우려 등에도 불구하고 2004년 9월 30일까지 알래스카의 포트 그릴리에 6기, 캘리포니아의 반덴버그 공군기지에 4기의 요격미사일을 배치한다는 계획에 박차를 가하고 있는 것이다. 부시 행정부가 예정대로 이러한 MD를 배치할 경우, '이제 미국 본토는 미사일 공격으로부터 안전하게 됐다'는 점을 대선 유세에서 적극적으로 활용할 수 있게 된다. 미국 본토에 MD가 배치된다는 것은, 길게는 구소련이 대륙간탄도미사일(ICMB) 개발에 성공한 이후 50년 만에, 짧게는 레이건 행정부가 '스타워즈'를 선언하면서 전략방위구상(SDI)을 추진한 지 20년 만에 '절대안보'의 꿈을 이루는 것으로서, 그 실효성 여부와 관계없이 부시 행정부는 이를 최대의 업적으로 내세우게 될 것이다. 미국의 시민사회단체와 민주당에서 이러한 MD 배치 계획을 '대선용'이라고 비판하고 있는 것도 이러한 맥락과 닿아 있다.

부시 행정부가 핵문제 해결을 비롯한 북한과의 관계개선을 꺼리는 이유 가운데 하나로 'MD 명분 강화'를 들면 이를 '음모론'으로 일축하는 경향이 있지만, 부시 행정부가 출범 이후 지금까지 보여준 모습을 보면 결코 '음모'에 불과한 것이 아니다. 출범하자마자 부시 행정부가 제일 먼저 취한 조치는 콜린 파월 국무장관도 언급한 '북한과의 협상 유망요소'를 완전 무시하고, 북한위협론을 전면에 내세우면서 MD 구축을 선언한 것이었다. 또한 2001년 3월 당시 김대중 대통령의 방미를 앞두고서는 한국이 MD 참여를 약속하고 오면 한미정상회담은 분위기가 좋을 것이라며 노골적인 압력을 행사하기도 했다. 이처럼 "깡패국가들의 미사일 위협에 대비한다"며 MD 구축에 박차를 가하던 미국이 도리어 '여객기'를 이용한 공격을 당하면서 MD 구축은 위기에 직면하는 듯했다. 그러나 부시 행정부는 '대량살상무기'와는 아무런 관계가 없었던 9.11 테러를 '대량살상무기 위협'을 극대화하는 데 활용했고, 가장 큰 근거를 북한으로 들면서 이라크, 이란과 함께 '악의 축'이라고 규정했다.

2002년 10월 이른바 '북핵 파문'이 불거진 이후, 부시 행정부는 이를 MD 구축 강화 및 동맹국들의 참여를 이끌어내는 근거로 적극 활용해왔다. '동맹의 현대화'를 앞세워 노무현 정부에게 MD에 참여할 것을 종용하는 한편, 최신형 패트리어트 PAC-3 미사일을 남한에 배치했으며, 일본의 MD 정책도 미국과의 공동개발에서 미국제 무기를 직구매해 조기에 배치하는 것으로 바꾸어놓았다. 호주도 MD에 동참하겠다고 선언했다. 북핵을 앞세워 동맹국들의 참여를 이끌어내고 자국의 무기를 대거 판매키로 함으로써 짭짤한 수입까지 올릴 수 있게 된 것이다.

그러나 이 정도로 만족할 부시 행정부가 아니다. 실전배치 단계에 접어든 PAC-3 미사일이나 스탠더드 미사일-3(SM-3) 등의 요격미사일을 장착한 이지스함으로는 미국 본토를 방어할 수 없고, 이에 따라 미국 국민에게 미치는 정치적 효과도 그리 크지 않기 때문이다. 대선을 코앞에 둔 시점에 ICBM 요격이 가능하다는 지상요격체제(GMD)를 알래스카와 캘리포니아에 배치하려는 것도 이 때문이다. 또한 아직 실험 일정도 채우지 못한 지상요격체제를 예정대로 배치하기 위해서는 이에 걸맞은 위협이 존재해주어야 하는 것도 중요한 대목이다.

이는 부시 행정부가 지금까지 그래왔듯이 대선 전까지도 북한과의 진지한 협상에 나서지 않으면서 '시간 끌기'로 일관할 것이라는 전망의 중요한 기초가 되는 요인이기도 하다. 부시 행정부가 이라크, 이란, 리비아 등 다른 '깡패국가'들의 핵미사일 위협을 거론하기에는 더 이상의 적실성이 없고, 중국을 직접 언급하기에도 쉽지 않은 상황에서, 핵과 미사일이 결합된 '억제력'을 공언하고 있는 북한을 MD 구축의 거의 유일하면서도 가장 큰 명분으로 삼을 수 있기 때문이다.

그러나 '스타워즈'를 향한 부시 행정부의 열망이 순조롭게 관철될지는 미지수이다. 1월 말에 공개된 국방부의 '무기 프로젝트 연례 보고서'에서는 지상요격체제가 아직 기술적으로 검증되지 않았다며, 9월 30일 배치 이전에 더 많은 실험평가가 있어야 한다고 권고하고 있다. 국방부 일각에서조차 MD의 효용성에 신중한 반응을 보이고 있는 것이다.

이뿐만이 아니다. 집권 이후 대대적인 세금 감면과 대폭적인 국방비 증액으로 적자예산을 자초하고 있는 부시 행정부는 앞으로도 국방예산을 대폭 증액시키려고 하고 있다. 부시 행정부가 마련한 회계연도 2005년 국방예산안은 전년도보다 7%가 증액된 4천17억 달러(여기에는 이라크와 아프가니스탄에서의 재건 및 작전 비용이 포함되지 않았다)로, 특히 MD 예산을 전년도보다 20%나 늘린 약 102억 달러로 책정했다. 이에 대해 케리는 신뢰할 수 없는 무기산업에 엄청난 국민의 혈세를 낭비하고 있다며 공세의 고삐를 당기고 있다.[18]

무엇보다도 부시의 MD 구상에서 최대의 복병은 '북한'이다. 부시 행정부가 최대 명분으로 내세워온 북한의 핵·미사일 문제가 평화적 해결의 가닥을 잡아가면, 기술과 예산상의 문제마저 겹쳐 그 '명분'까지 위태롭게 될 것이기 때문이다. 반대로 북핵 문제가 악화되면, "안보 문제를 대선의 최대 이슈로 삼겠다"는 부시의 대선전략과 맞물려 MD는 '절대안보'의 환상에 사로잡힌 미국 국민에게 한 걸음 다가설 수 있을 것이다. 이는 북핵 문제가 미국 매파들의 21세기 세계전략의 핵심인 MD와 밀접하게 맞물려 있다는 것을 엿볼 수 있는 대목이다.

관심의 초점은 2000년과 흡사한 상황이 재연될지의 여부이다. 앞에서 언급한 것처럼 2000년 남북정상회담은 클린턴으로 하여금 MD 구축을 차기 정권으로 넘기게 하는 데 결정적인 역할을 했다. 그리고 6자회담구도로는 북핵 문제의 평화적 해결이 어렵다는 문제의식이 확산되면서, 남북정상회담을 추진해야 한다는 목소리도 높아지고 있다. MD를 위해 한반도를 희생양으로 삼아온 부시 행정부에 맞서 남북한이 '평화를 향한 진정한 민족공조'의 힘으로 대갚음을 할 수 있을지 주목하지 않을 수 없는 것이다.

부시의 재선은 왜 위험한가

2004년 전세계의 최대 관심사는 단연 미국의 대통령 선거라고 할 수 있다. 누가 세계 유일의 초강대국인 미국의 대통령이 될 것인가는 항상 국제사회의 관심사였지만, 이번만큼이나 국제사회의 이목이 미국 대선으로 쏠리는 경우는 없었다고 할 수 있다. 미국 대선에 관심이 쏠리고 있는 이유는 '부시 행정부의 미국' 자체가 너무나도 낯설었고 지구촌에 수많은 문제들을 야기하고 있기 때문일 것이다. '미국의 시녀'라는 조롱을 받아왔던 유엔마저도 승인하기가 어려울 정도로 명분도 근거도 없었던 이라크전 강행이 여실히 보여주듯, 부시 행정부는 무분별한 군사력의 사용과 일방주의적 외교로 전세계를 분노와 공포로 몰아넣어왔다.

이라크 침공 이외에도, 군축의 시금석이라고 일컬어지던 탄도미사일방어(ABM)조약의 일방적인 파기 및 MD 구축 추진, 포괄핵실험금지조약(CTBT) 비준 거부, 새로운 핵무기 개발 및 비핵국가에 대한 핵 선제공격전략 채택, 생물무기금지협약(BWC) 검증체제 강화 거부, 국제형사재판소(ICC)에서 미국 기소면제 관철, 기후변화협약 탈퇴 등은 부시 행정부의 대표적인 정책 오류로 지적받아왔다. 이러한 부시 행정부가 지배하는 세계 속에서 4년간 고통받아온 인류사회가 미국 대선에 초미의 관심을 갖는 것은 어쩌면 당연한 것이다. 그 관심 속에는 부시 행정부에 대한 응징과 함께 부시가 재집권할 경우에 대한 불안감, 그리고 새로운 미국 정부가 들어설 경우 '다른 미래'가 열릴 수 있다는 조심스러운 낙관이 자리잡고 있다. 미국은 물론이고 국제사회 일각에서 벌써부터 "부시만 아니면 된다"는 슬로건을 가지고 부시 낙선을 위한 결의를 다지고 있는 것은 이를 상징적으로 보여준다.

6.15 공동선언을 기점으로 한 '평화와 통일 정국'이 부시의 당선과 함께 하루아침에 '위기 정국'으로 돌변한 경험을 가지고 있는 우리로서는 부시의 재선 여부에 남다른 관심을 갖지 않을 수 없다. 특히 '북핵 문제'로 표현되는 북미 간의 대결상태가 지속되고 있고 이라크의 후세인 정권 제거, 이란의 핵사찰 수용, 리비아의 대량살상무기 포기, 시리아의 대미 협조 등으로 국제사회의 시선이 북한으로 쏠리고 있다는 점을 고려할 때, 부시 행정부의 재선 여부는 한반도의 운명을 좌우할 핵심

적인 변수라고 해도 과언이 아닐 것이다.

물론 결정론적인 시각을 가지고 부시의 재선을 곧 한반도 정세의 파국으로 받아들여서는 안 될 것이다. 일부에서 기대하는 것처럼, 2기 부시 행정부는 1기 때와는 달리 강경 자세를 누그러뜨리고 한반도 평화 프로세스에 협력함으로써 '한반도 냉전해체에 기여했다'는 역사적 평가를 받고 싶어할 수도 있기 때문이다. 부시 행정부가 벤치마킹하고 있는 레이건 행정부도 1기 때는 소련을 '악의 제국'으로 규정하고 '스타워즈' 연설을 통해 첨예한 군비경쟁을 야기하기도 했지만, 2기 때는 소련과의 군축협상에 적극적으로 임한 사례가 있다. 클린턴 행정부 역시 1기 때는 북한 폭격까지 추진했을 정도로 강경한 모습을 보였지만, 2기 때는 김대중 정부와 함께 대북포용에 나서 북한과의 관계 정상화 일보 직전까지 간 사례도 있다.

그러나 이러한 사례로 미루어 2기 부시 행정부에 낙관적인 기대를 가지기는 힘들어 보인다. 레이건 행정부가 2기 때 소련과 군축협상에 적극 나서게 된 배경은 과도한 군비증강에 대한 미국 내의 비판 여론이 대단히 높았고, 미국은 물론 유럽에서도 유래 없는 반핵시위에 직면해야 했으며, 무엇보다도 '신사고(新思考)'를 들고 나온 소련의 고르바초프가 있었기 때문이었다.

클린턴 행정부의 1기와 2기 때의 대북정책이 달랐다는 평가에도 신중할 필요가 있다. 기본적으로 1기 때의 남한측 파트너였던 김영삼 정부와 2기 후반기 때의 파트너였던 김대중 정부는 근본적인 차이가 있었을 뿐만 아니라, '굴욕외교'라는 공화당의 비난에도 불구하고 제네바 합의에 서명한 것은 1기 때의 일이고, 2기 때에도 북한 붕괴 유도나 북폭론이 자주 거론되었기 때문이다.

결국 가장 중요한 일은 "별일이야 있겠냐"며 희망적인 사고를 가지고 한반도의 운명을 불확실한 미래에 맡겨서는 안 된다는 것이다. 부시가 재선에 실패할 수도 있고, 재선에 성공하더라도 마음을 고쳐먹을 수도 있겠지만, 이는 어디까지나 '희망사항'에 불과하다. 오히려 가능성 있는 최악의 시나리오를 미리 예측하고 이를 예방하는 데 힘과 지혜를 모으는 것이 현명하다고 할 수 있을 것이다. 시간은 우리를 기다려주지 않기 때문이다.

2기 부시 행정부가 들어서면

그렇다면 부시가 재선에 성공하면 한반도의 정세는 어디로 흘러갈까? 미국의 대선 이후 한반도 정세를 좌우할 핵심적인 변수는 6자회담의 성패 및 북한의 태도, 2기 부시 행정부의 외교안보팀의 인적 구성, 이라크를 비롯한 중동 정세, 미국-중국 간의 전략적 이해관계, 주한미군을 비롯한 해외 주둔 미군 재배치의 진행상황 및 군사력의 변화, 동북아 국제관계에 있어서의 미국의 영향력 등이 있다.

부시 행정부가 재집권한 상황에서도 낙관적인 시나리오가

구성되기 위해서는 미국 대선을 전후해 6자회담에서 새로운 합의문이 도출되어야 하고 북핵 사찰 및 검증 과정에서 충돌이 발생하지 않도록 북미 양측의 교집합을 최대한 확보해야 한다. 그리고 이것이 가능하기 위해서는 대북정책을 둘러싼 미국 내 강온파 사이의 갈등이 해소되어야 한다. 물론 강온파 사이의 갈등 해소의 결과는 북한 정권 교체에 대한 유혹을 확실히 버리고, 북한의 대량살상무기 포기와 미국의 대북한 안전보장 및 정치적·경제적 관계의 완전 정상화로 대북정책의 목표를 확실히 하는 것이 되어야 한다.

그러나 이러한 최선의 조합은 사실상 불가능해 보인다. 미국 대선 전에 6자회담에서 새로운 합의문이 도출되기도 어려울 뿐더러, 합의문이 도출되더라도 북핵 프로그램의 불확실성과 '100% 검증이 불가능한 북핵 프로그램을 100% 검증하겠다'는 부시 행정부의 태도로 미뤄볼 때, 북한과 미국을 모두 만족시키는 사찰 및 검증 방안을 마련한다는 것은 대단히 어려운 일이기 때문이다. 또한 부시 행정부는 핵문제가 해결 국면에 접어들더라도, 미사일, 생화학무기, 재래식 군사력, 인권문제 등을 제기하면서, 이러한 문제들이 해결되어야만 완전한 관계 정상화가 가능하다고 북한을 압박할 것이다.

더구나 2기 부시 행정부의 외교안보팀은 1기 때보다 더 강경한 인물로 채워질 가능성도 높다. 1기 때는 콜린 파월 국무장관과 제임스 켈리 동아시아-태평양 차관보 그리고 잭 프리처드 대북특사 등 '상대적인' 온건파가 힘겹게 초강경파를 견제하는 역할을 했지만, 잭 프리처드는 강경파와의 불화로 2003년 8월 사임한 상태이고, 콜린 파월 국무장관은 강경파와의 갈등과 건강상의 문제로 2기 행정부 인선 때 빠질 가능성을 배제할 수 없다. 즉, 2기 행정부 때는 협상파가 득세하기보다는 오히려 딕 체니 부통령, 럼스펠드 국방장관 및 월포위츠 부장관, 그리고 존 볼튼 국무부 차관 등 초강경파가 주도권을 잡을 확률이 상당히 높다는 것이다.

이러한 전망과 분석에 기초할 때, 2기 부시 행정부 출범 이후 한반도 정세는 최악의 시나리오로 흐를 가능성이 높다고 할 수 있다. 여기서 최악의 시나리오란 전쟁의 발발이나 북한의 핵무장은 물론이고, 강압적인 수단에 의한 북한의 붕괴, 혹은 이 둘 가운데 하나가 현실화될 수 있다는 극도의 불안감이 팽배해지는 상황의 지속을 말한다.

일단 2기 부시 행정부는 1기 때보다는 훨씬 강화되고 유리한 형태의 대북한 군사력 사용 옵션을 가질 수 있게 된다. 2기 때는 주한미군을 북한의 장사정포의 사정거리 밖으로 이동시키게 되고, 북한의 탄도미사일에 대응한 MD를 남한, 일본, 미국 본토에 배치하게 돼 북한의 미사일 전력을 적지 않게 무력화시킬 수 있으며, 주한·주일미군의 전력증강과 신무기 개발 및 배치를 통해 북한에 대한 정밀타격 및 신속한 전쟁 수행 능력을 상당 부분 확보할 수 있게 된다. 또한 대북한 선제공격 및 이에 따른 한국의 수도권 방어 계획인 작전 계획 5026, 북한 붕괴시를 대비한 5029, 북한 군사력의 소진 및 도발을 유도하는 5030 등이 상당히 구체화될 것이고, 일본을 한반도 전쟁에 동원할 수 있는 형태로 미일동맹도 개편해나갈 것이다.

이 밖에도 북한 등 이른바 '깡패국가'와 테러집단의 대량살상무기 확산 및 보유를 방지하기 위한 대량살상무기 확산방지구상(PSI) 등 군사적 압박과, 북한의 지하시설을 겨냥한 지표관통형 소형 핵무기 등 최첨단 공격 무기의 개발도 가속화될 것이다. 1기 때와는 판이하게 한반도의 군사적 상황이 바뀌게되는 것이다.

또한 2기 때에는 중동보다는 한반도와 동북아에 외교적, 군사적 힘을 집중시킬 수 있는 환경이 만들어질 가능성이 높다는 점도 중요한 대목이다. 부시 행정부가 '악의 축'으로 규정했던 이라크는 2기 때부터 본격적인 권력 이양 작업에 들어갈 것이고, 이란은 NPT 추가의정서에 서명해 핵사찰을 받기로되어 있다. 리비아는 대량살상무기 포기를 선언하고 미국과의관계개선에 박차를 가하고 있고, 시리아 역시 자국 국민의 눈치를 보면서도 미국의 눈 밖에 나지 않도록 노력하고 있는 현실이다. 중간에 많은 변수가 있을 것으로 보이지만, 집권 2기때는 1기 때보다 확실하게 북한에 외교적, 군사적 힘을 집중시킬 수 있는 환경이 만들어지고 있다는 점은 분명하다.[19]

끝으로 중국 변수도 믿을 만하다고 볼 수는 없다. 한반도비핵화와 전쟁 억지 그리고 북한의 붕괴 방지를 대한반도 정책의 핵심으로 삼아왔던 중국은 이 세 가지 목표의 동시적 유지가 불가능해졌다는 판단으로 최근 6자회담을 통한 북미 대결의 종식을 위해 팔다리를 걷어붙인 상황이다. 그러나 결국 6자회담을 통한 문제 해결이 불가능해지고 부시 행정부가 재선에 성공해 북한체제 제거를 결심할 경우, 중국 내에서도 '현실적 체념론'이 득세할 가능성이 높다. 중국이 미국과의 갈등도 불사하면서 끝까지 북한의 버팀목 역할을 해줄 것이라고 기대하기는 힘들다. 지속적인 경제성장과 2008년 올림픽의 성공적인 개최를 위해서는 미국과의 원만한 관계유지가 가장 중요하기 때문이다.

더구나 대만의 독립 움직임이 일어나고 있는 상황에서, 미국과 중국 사이에 대만과 한반도를 놓고 '맞바꾸기식 거래'를 할 가능성도 배제할 수 없다.[20] 동시에 북한의 붕괴시 중국의 직접적인 우려사항, 즉 대량 난민의 중국 유입 문제와 주한미군의 북상과 관련해서, 미국은 난민 수용소 건설 등 경제적 비용을 부담하고 주한미군을 38선 이북에 주둔시키지 않겠다는 약속을 중국에 해줄 가능성이 높다. 미국과 중국이 이러한 뒷거래를 하면 한반도의 운명은 돌이킬 수 없게 될 것이다.

존 케리가 대통령이 된다면?

1960~1970년대 베트남 참전 영웅에서 반전활동가로, 20년 동안 미 상원 외교위원회에서 의정활동을 한 외교전문가로, 부시의 이라크 침공 지지자에서 부시의 이라크 정책 비판자로, 지금 현재는 민주당 대선 후보로 사실상 확정된 존 케리는 이처럼 외교안보 분야에서도 다채로운 경력을 갖고 있다. 그렇다면 케리는 북한에 대해 어떤 인식을 갖고 있고, 어떤 정책을 내놓고 있을까?

흔히 미국의 대북정책이 세계전략 혹은 동아시아전략의 하위 변수로 나오는 것이라면, 케리의 대북정책 역시 이러한 맥락에서 이해할 필요가 있다. 즉, 본격적으로 그의 대북정책을 검증하기에 앞서 그의 외교안보에 대한 시각부터 검토할 필요

가 있는 것이다.[21]

존 케리는 부시 행정부의 외교정책을 '산만한 일방주의(erratic unilateralism)'라고 비난하면서 자신의 외교 노선으로 '진보적 국제주의(progressive internationalism)'를 내세우고 있다. 그는 미국을 더 안전하고 강하게 만들고 세계로부터 신뢰와 존경을 받아내기 위해서는 미국의 가치와 차분한 자신감에 바탕을 둔 진보적 국제주의를 추구해야 한다고 밝히고 있다. 그는 특히 미국과 국제사회의 안보가 제로섬 게임이 아니라 집단안보를 추구하는 방식이 되어야 한다며, 이를 위해서는 미국의 우방을 만들기 위한 적극적인 외교가 필요하다고 강조하고 있다.

2004년 대선에서 최대 이슈가 될 것이 확실한 이라크 정책에 있어서, 그는 미국의 위험과 부담을 줄이기 위해 국제사회와의 공동보조를 주장하며, 특히 북대서양조약기구(NATO)와 유엔의 참여가 필요하다고 강조하고 있다. 즉, 부시 행정부가 이라크에 친미정권을 세우기 위해 미국 주도의 재건 방식에서 벗어나지 못하고 있는 점에 주목해, 자신이 집권할 경우에는 유엔의 권한을 살려 유엔 주도와 NATO의 참여를 바탕으로 이라크 재건을 추구하겠다는 것이다. 또한 이라크인들로 구성된 보안병력을 창설해 치안유지를 맡기겠다고 밝히고 있다.

또, 중동정책과 관련해서는 미국의 전통적인 친이스라엘 정책을 계승할 것임을 분명히 하고 있다. 그 역시 이스라엘이 중동의 진정한 유일 민주주의 국가이자 미국의 가장 중요한 우방국이라고 보면서 이스라엘의 독립과 생존을 보장하는 것을 최우선적인 중동정책으로 삼겠다고 밝히고 있는 것이다. 그러나 케리는 수차례에 걸친 중동 방문 경험을 토대로, 다수의 이스라엘 사람들과 팔레스타인 사람들이 평화를 원하고 있다는 점에 주목해, 이러한 여론을 바탕으로 미국의 주도 하에 중동 평화 프로세스를 재가동하겠다고 공언하고 있다. 그는 집권 초기에 대통령과 국무장관에 직접 보고하는 중동 평화 담당 대사와 이슬람 국가 순방을 담당할 특사를 임명하고, 온건한 이슬람 국가들과의 관계를 강화해 미국 주도의 중동 평화 프로세스에 대한 지지와 협력을 이끌어내고, 테러리스트들을 고립시키는 방안을 찾아보겠다고 밝히고 있다.

미국 군사력과 관련해서는, "제4세대 전쟁, 즉 비전통적인 방식으로 비대칭적인 적과 맞서 싸우는 전쟁에 대해 준비하고 이해해온 당사자는 민주당"이라는 케리의 발언에서 알 수 있듯이, 그 역시 부시 행정부가 강력하게 추진해온 군사력 변형(military transformation)의 신봉자라고 할 수 있다. 그는 미국이 직면한 각종 도전에서 승리하기 위해서는 뛰어난 정보력과 통신수단 그리고 장거리 투사 능력과 신속한 이동배치가 가능한 군사력을 보유해야 한다고 강조하고 있다. 아울러 군인 처우 개선도 주요 대선공약으로 내세우고 있다.

그러나 무력사용과 관련해서는 부시 행정부보다 훨씬 신중한 입장이다. 부시 행정부가 '악의 축'으로 규정한 북한, 이란 등과 직접 대화를 공언하고 있는 사실에서도 알 수 있듯이, 그는 무력사용이나 강압외교에 의존하는 부시 행정부와는 달리 '대화 우선주의'를 강조하고 있다. 즉, 부시 행정부처럼 특정 국가를 악의 축으로 규정하면서 불필요한 적을 만들기보다는 대화와 협상을 통해 미국식 체제에 편입시킴으로써 위협을 해소하는 방안을 강구하겠다는 것이다. 이는 부시 행정부가 예방전쟁(preventive war)에 입각해 일방적인 무력사용 및 사용 위협을 통해 안보를 달성하고자 하는 것과는 달리, 케리는 불필요한 적과 위협을 만들지 않는 예방외교(preventive diplomacy)에 대외정책의 기조를 두고 있다는 것을 의미한다.

존 케리가 가장 방점을 두면서도 자신감을 피력하고 있는 분야는 군비통제 및 비확산 문제라고 할 수 있다. 이는 상원 외교위원회에서 오랫동안 쌓아온 경력에 바탕을 두고 있는 것으로서, 북·미 간의 쟁점이 주로 핵·미사일 등 대량살상무기에 있다는 점을 고려할 때 그의 비확산 정책 노선은 대북정책에도 적지 않은 영향을 주고 있다. 케리는 미국의 가장 중요한 임무는 핵무기 등 대량살상무기 확산 방지에 있다는 점을 강조하면서, 부시 행정부가 각종 군비통제조약을 무시하면서 '힘에 의한 대량살상무기 확산 억제'를 추구해왔다면, 자신은 법과 제도 그리고 협상을 통해 대량살상무기 확산 방지에 노력하겠다는 점을 분명히 하고 있다.

이를 위해 클린턴 행정부 때는 다수파인 공화당의 반대로 비준이 무산되었고 부시 행정부는 의회에 상정조차 하지 않고 있는 포괄핵실험금지조약(CTBT)과 관련해 "이 조약을 미국이 거부하는 것은 비확산체제에서 미국의 지도력을 훼손하고 있다"고 말해, 집권시 CTBT의 비준 추진을 시사하고 있다. 또한 부시 행정부가 일방적으로 파기한 ABM 조약의 유용성을 강조하고 있어, 집권시 러시아와 새로운 군비통제조약 체결이나 기존 조약의 개정을 시사하고 있다.

이처럼 케리는 일방주의와 선제공격전략 그리고 군사패권주의로 대변되는 부시 행정부와는 달리 국제기구와 동맹관계를 중시하는 다자주의, 예방외교와 신중한 무력사용, 외교와 국제법을 통한 비확산체제의 강화 등을 대외정책의 기조로 삼고 있다. 이는 전통적인 민주당의 정책 노선을 계승한 것이라고 평가할 수 있다.

케리의 대북정책은?

케리 후보는 이러한 대외정책의 맥락에서 부시 행정부의 대북정책에 대해서도 상당히 비판적이다. 그는 부시 행정부가 이라크 문제에 사로잡혀 북한과의 협상에 나서지 않아 북한의 핵개발을 방치했다고 보고, 집권시 북한과의 직접 협상을 공약으로 제시하고 있다. 이는 기본적으로 위에서 언급한 '대화 우선주의' 노선에서 비롯된 것이라고 할 수 있다.

케리는 3월 2일 '슈퍼 화요일'에 사실상 민주당 대통령 후보로 선출된 직후 「뉴욕타임즈」와 가진 인터뷰에서 "부시 대통령이 이라크와의 전쟁에 나선 것은 북한과 전쟁을 벌일 경우 최초 8시간 내에 100만 명 이상의 인명피해가 나겠지만 이라크에서는 이와 같은 대량 인명피해가 없을 것임을 알았기 때문"이라며, "다시 말해 이라크와의 전쟁은 할 수 있었기 때문에 했고 북한과는 하기가 어려웠기 때문에 못했던 것"이라고 말했다. 그는 특히 "(클린턴 행정부의 대북정책을 이어받아) 콜린 파월 국무장관이 대화를 계속하겠다는 입장을 밝혔지만 백악관의 네오콘들은 그를 좌초시켰고 김대중 전 한국 대통령까지 좌초시켰다"며 "이는 잘못된 일"이라고 주장했다. 그는 또한 한반도 문제에 대한 중국의 참여와 관련해, "북한 핵문제 해결을 위해서는 중국의 참여가 매우 유용하지만 중국이 개입되지 않은 많은 문제가 협상 테이블에 올라 있기 때문에 북미 양자협의를 회피해서는 안 된다"며 북미 양자협상을 기본틀로 삼을 것임을 분명히 했다. "부시 행정부는 한국, 중국, 일본의 참여를 북한 핵문제 협의 테이블로 돌아가는 구실로 삼았지만 애초에 대화 의도는 없었다"고 밝힌 것에서 알 수 있듯이, 부시 행정부가 6자회담을 선호하고 있는 것은 문제 해결의 의지가 없기 때문으로 보고 있는 것이다.[22]

물론 케리 후보가 북한 핵문제에 느긋한 태도를 보이고 있는 것은 아니다. 그는 북한의 핵무장은 "악몽의 시나리오"라면서 미국의 최우선적인 대외정책의 하나로 북한 핵문제 해결을 주창해오고 있다. 케리가 3월 7일 「뉴욕타임즈」와의 인터뷰에서 "북한은 핵무기 비확산에 대한 미국의 의지를 의심해서는 안 되며 이 점이 매우 중요하다"고 강조한 것은 시사하는 바가 크다. 오히려 케리 후보가 이라크 침공에 매달려 북한 핵문제에 소홀했던 부시 행정부보다 북한의 핵무장을 막겠다는 의지가 더 강하다고 보는 것이 정확할 것이다.

북한을 바라보는 케리의 인식은 2003년 8월 6일 「워싱턴포스트」에 기고한 칼럼에 비교적 상세히 나왔다.[23] 그는 이 기고문을 통해 세 가지 현실을 고려해 북한과의 협상에 나서야 한다고 주장했다.

첫째, 무력사용은 바람직하지 않기 때문에 진지한 자세로 협상에 임해야 한다는 것이다. 그는 특히 협상이 성공하지 않을 수도 있지만, "역사는 우리가 (협상) 시도조차 하지 않은 것을 결코 용서하지 않을 것"이라고 말해, 진지한 자세로 협상에 임하지 않은 부시 행정부를 비판했다.

둘째, 북한의 핵무기 개발을 동결시키기 위해서는 북한의 안보 우려도 고려해야 한다는 것이다. 그는 만약 북한이 동결 약속을 파기하면 무력사용을 포함한 모든 옵션을 고려할 수 있지만, 협상이 진행되는 동안에는 한반도에 무력을 증강시키거나 상황을 악화시키는 조치를 취해서는 안 된다고 강조했다.

셋째, 핵문제에만 초점을 맞춘 1차원적인 접근이 아니라 광범위한 의제를 포함한 포괄적이고도 단계적인 협상을 해야 한다는 것이다. 케리는 핵문제뿐만 아니라, 화학무기, 미사일, 재래식 군사력, 경제체제, 마약거래, 인권 등 미국을 비롯한 국제사회의 우려 사안들을 해소할 수 있는 광범위한 접근이 필요하다고 강조하면서, 북한으로 하여금 이러한 문제들을 해결하는 데 적극적으로 임하게 하기 위해서는 대북 안전보장과 경제개발 지원이 필요하다고 강조했다. 또한 북한과의 합의는 검증 가능하면서도 단계적으로 이행되어야 한다고 덧붙였다.

이러한 내용을 종합해볼 때, 케리 후보가 당선될 경우 미국은 북한과의 직접 협상을 통해 핵문제를 비롯한 여러 현안들의 해결을 시도할 것으로 보이고, 이는 기본적으로 클린턴 행정부 때의 페리 프로세스에 기반을 둘 것으로 전망된다. 페리 프로세스는 '미국이 원하는 북한이 아닌, 있는 그대로의 북한'을 인정하면서 북한의 붕괴보다는 점진적인 변화를 추구하고, 북한의 안보 우려를 인정해 상호간의 위협 감소를 추진하며, 주고받기식 협상 및 단계적인 이행을 통해 포괄적인 합의를 추구한다는 내용을 담고 있다. 이는 이른바 'ABC(anything but Clinton)'라는 유명한 말을 남기면서, 클린턴 행정부의 대북정책을 전면 부정했던 부시 행정부와는 큰 차이를 보이고 있는 것이다.

그러나 케리의 당선을 북한 핵문제의 평화적 해결을 비롯한 한반도 평화의 '보증 수표'로 간주하는 것은 곤란하다. 이는 클린턴 행정부 때의 상황과도 흡사한 측면 - 북한 핵무장 저지에 대한 확고한 신념 및 공화당의 강력한 견제 - 을 내포하고 있기 때문이다. 케리는 미국이 진지한 자세로 협상에 임할 때 한반도 위기 해결 가능성은 높아질 수 있으나, 미국의 진지한 노력에도 불구하고 북한이 호응하지 않으면 미국의 군사적 선택이 국제사회의 지지를 받을 수 있다는 점을 강조하고 있다. 그가 "나는 북한이 핵무기를 갖지 못하게 하기 위해서 필요한 무엇이든 할 준비가 되어 있다"면서 강조한 것은 이러한 맥락에서 나오는 것이다. 클린턴 행정부가 북한의 핵무장을 저지한다는 명분으로 1994년 북폭 일보 직전까지 갔던 사례 역시 눈여겨볼 대목이다.

케리 후보가 포용정책의 기조로 북한과의 협상에 나서려고 할 경우, 공화당을 비롯한 미국 내 보수파들의 '딴지 걸기' 가능성도 중요한 대목이다. 공화당을 비롯한 미국 내 강경파들의 입장에서는 미국이 북한과의 협상에 나서는 것은 '협박에 굴복하고 악행을 보상하는 것'이라는 인식이 워낙 뿌리 깊게 자리잡고 있을 뿐만 아니라, MD 등 군사력 증강 프로젝트에 큰 타격을 입을 수 있다는 우려를 갖고 있기 때문이다. 클린턴 행정부 8년 동안 미국의 강경파들이 줄곧 클린턴의 대북정책의 발목을 잡았던 것이 재연될 가능성이 상당히 높다는 것이다.

그럼에도 불구하고 케리가 차기 미국 대통령이 될 경우, 북한 핵문제의 평화적 해결을 비롯한 한반도 문제 해결의 가능성은 확실히 높아질 것이다. 페리 프로세스에 기반을 둔 케리의 대북정책은 북한의 제안과 크게 다르지 않을 뿐더러, 한국 측 파트너 역시 페리 프로세스에 결정적인 영향을 미친 김대중 정부의 햇볕정책을 계승·발전하겠다는 의사를 갖고 있기 때문이다.

남북정상회담과 새로운 평화 프로세스

6자회담과 미국 대선이라는 '불확실성'으로 가득한 2004년에서 우리는 어떠한 평화전략을 마련해야 하는가? 이 두 가지 변수가 어떻게 조합되느냐에 따라 한반도의 운명이 좌지우지 될 것이라는 점에서, 치밀한 대응책을 세워야 한다는 것은 아무리 강조해도 지나치지 않을 것이다.

물론 6자회담을 통해 한반도 위기가 해소되면 좋겠지만, 이 회담의 성공 가능성이 낮을 뿐더러, 성공하더라도 부시가 재집권할 경우 또다시 위기가 도래할 수 있다는 '결정적인 약점'이 있다. 이는 6자회담과는 별도로 우리의 운명을 우리 스스로 개척해나갈 수 있는 비책(秘策)이 필요하다는 것을 의미한다. 그리고 그것은 6자회담이 어떤 결과를 낳더라도 미국 대선 이전에 남북정상회담을 성사시켜, '한반도 평화 프로세스'의 중심축을 미국 주도의 6자회담구도에서 남북구도로 전환시켜야 한다는 문제로 치환된다.

그러나 안타깝게도 노무현 정부는 "북핵 문제 해결 없이 남북정상회담 없다"는 경직된 사고에서 벗어나지 못하고 있다. 출범 이후부터 줄곧 이러한 입장을 밝혀온 노무현 정부는, 그 근거로 △핵문제는 기본적으로 북미 간의 사안이라는 점 △핵문제에 관한 한 중국·러시아·미국 등 핵 강대국들이 세계 핵질서를 주도하겠다는 의사를 명확히 밝혔고 이를 제어할 힘을 그 밖의 누구도 갖지 못한다는 점 △북한에게 핵문제는 생존카드라는 점 등을 제시하고 있다.[24] 이러한 상황에서 남북정상회담을 통해 핵문제 해결의 돌파구를 연다는 것은 현실을 무시한 낭만적 사고라는 것이다.

이러한 노무현 정부의 입장은 지나치게 강대국의 역학구도를 의식하는 '비관적 현실주의'에 기반을 두고 있다고 할 수 있다. 노무현 대통령의 지적처럼 핵문제는 기본적으로 북미 간의 적대관계에서 파생된 문제인 것이 사실이고, 북미 간에 타협을 이루는 것이 가장 바람직하다. 그러나 핵문제가 북미관계에서 발생했다고 해서 문제의 해결 방식까지 북미관계에 의존할 필요는 없다. 즉, 문제의 '원인'과 문제의 '해법'을 준별할 수 있는 지혜가 아쉽다는 것이다. 북미 간의 입장 차이와 부시 행정부의 정치적 의지의 박약함을 생각할 때, 핵문제 해결의 기본축을 북미관계로 보는 것은 부시 행정부의 선의(善

意)에 우리의 운명을 맡기는 것과 다르지 않고, 더구나 그 선의를 이끌어내기 위해 너무나도 많은 비용을 치러야 한다. 물론 남한이 이라크 파병과 같은 '비용'을 치르면 부시가 선의를 가지고 북한과의 협상에 나설 것이라고 기대하는 것이야말로 '낭만적 사고'의 극치라고 할 수 있다.

핵 강대국이 세계 핵질서를 주도하는 것과 남북정상회담을 못 하겠다는 것 사이에는 거의 관계가 없다. 미국, 아니 정확히 부시 행정부를 제외하고는 주변 핵 강대국인 중국, 러시아가 남북정상회담을 반대할 이유는 없다. 남북정상회담이 한반도 비핵화와 안정에 기여한다면, 이들 국가는 오히려 남북정상회담을 환영할 것이다.

핵문제가 북한의 생존카드라면, 남한이 북한의 생존을 도우면서 핵카드를 포기하게 만드는 것이 가능하다는 것을 의미한다. 생존전략으로서의 북한의 핵카드는 '안보'와 '경제' 두 가지 의미가 있다고 할 수 있다. 여기서 안보적 측면은 다시 핵무장이 갖는 억제력의 측면과, 핵개발 포기에 대한 상응조치로서 미국의 대북한 안전보장을 받는 두 가지로 나뉜다. 물론 북한은 이 가운데 양자택일을 해야 하며, 북한이 원하는 것은 후자라고 할 수 있다. 경제적 측면에서도, 에너지를 비롯한 경제지원과 경제제재 해제 두 가지로 나눌 수 있다. 나중에 상세히 설명하겠지만, 남측은 북한의 핵포기에 대한 상응조치로서 에너지를 비롯한 경제지원을 통해 북한경제의 회생을 돕고, 미국의 대북적대정책의 구실을 완화하는 것이 북한에게 안보적 차원에서 더 이롭다는 점을 들어 대타협을 모색할 수 있을 것이다.

김대중 정부 때의 남북정상회담 역시 북미 간에 미사일 문제가 있었을 때 성사되었다는 것을 떠올릴 필요가 있다. 핵문제와 마찬가지로 미사일 문제 역시 북미관계에서 파생된 것임은 두말할 나위 없다. 미사일 문제로 줄다리기가 한창일 때, 2000년 6월 남북정상회담은 남북관계뿐만 아니라 북미관계 활성화도 촉진시킨 매개체였다. 이는 정상회담을 비롯한 남북 관계의 발전을 핵문제에 종속시킬 것이 아니라, 핵문제의 해결을 위해서도 독립적으로 추진해야 한다는 것을 보여준다.

더구나 핵문제의 해결이라는 것에 대단히 모호하고도 많은 함정이 도사리고 있다는 점을 고려할 때, "북핵 해결 없이 남북정상회담 없다"는 노무현 정부의 입장은 전략적 사고의 부재를 여실히 드러내는 것이라고 할 수 있다. 핵문제의 해결이라는 것은 북한의 핵포기 의사 천명부터, 6자회담에서의 최종 합의문 도출, 그리고 부시 행정부가 '전가(傳家)의 보도(寶刀)'처럼 얘기하고 있는 "완전하고 검증 가능하며 돌이킬 수 없는 방식의 핵폐기(CVID)"까지 대단히 다양한 스펙트럼을 갖고 있다. 만약 노무현 정부가 여러 차례 밝힌 것처럼 핵문제의 해결 방식으로 부시 행정부가 고수하고 있는 CVID를 동의하고 있고, CVID가 되기 전까지 정상회담을 하지 않겠다는 것이라면, 이는 임기 중에 정상회담을 하지 않겠다는 것과 마찬가지라고 할 수 있다. CVID에 합의하는 것 자체가 불가능할 뿐더러, 설사 합의하더라도 이러한 방식으로 북한 핵문제를 해결하는 데에는 수년이 걸릴 것이기 때문이다. 한국 정부가 CVID나 '북한 핵문제의 완전한 해결'을 언급할 때 조심해야 한다는 주장도 이러한 맥락에서 나오는 것이다.

최선의 전략 : 6자회담과 남북정상회담의 결합

그렇다면, 한반도의 위기를 해소하고 공고한 평화를 구축하기 위한 최선의 전략은 무엇일까? 노무현 정부는 지금까지 한-미-일 삼각공조와 6자회담의 틀 내에 머물러왔다. 그러나 북한 핵문제를 비롯한 한반도의 불안요소를 제거하기 위해서는 6자회담과 더불어 '+알파'가 있어야 한다. 그리고 '+알파'는 미국 대선전에 남북정상회담을 개최해 '한반도 평화선언'을 도출하는 것에서 찾을 수 있다. 즉, '6자회담의 성공과 남북정상회담을 통한 한반도 평화선언'을 결합시키는 방향으로 평화전략을 짜야 한다는 것이다. 그리고 그 순서는 '남한의 새로운 평화 로드맵 마련 및 남북 특사회담을 통한 북한과의 공유(1단계)→6자회담에서 북한의 대담한 양보(2단계)→남북정상회담을 통한 한반도 평화선언 발표(3단계)→남북한 중심의 평화프로세스 본격 가동(4단계)'으로 짤 수 있을 것이다.

이러한 전략은 2기 부시 행정부의 출범까지 고려한 한반도 위기 예방 및 관리 차원에서뿐만 아니라, 6자회담의 성공을 위해서도 대단히 중요한 지렛대를 내포하고 있다. 6자회담과 관련해 '민족공조의 복원'을 통한 북한의 대담한 양보를 이끌어냄으로써, 6자회담의 좌초를 예방하고 핵문제 해결 방안을 조기에 도출할 수 있는 돌파구를 만들어낼 수 있기 때문이다. 즉, 6자회담에서 북한이 얻을 수 없는 인센티브를 민족공조를 통해 보장함으로써, 6자회담에서 북한이 과감한 양보를 할 수 있도록 유도하는 전략 마련이 시급하다는 것이다.

이를 위해 남한은 북한의 실리를 보장해줄 수 있는 로드맵을 작성해 북한과의 특사회담을 개최해야 할 것이다. 특사회담을 통해 남한의 대북지원 및 남북경협 활성화와 6자회담에서의 북한의 대담한 양보를 출발점으로 하는 '새로운 한반도 평화 프로세스'가 북한에게도 확실한 '비교 우위'에 있다는 점을 집중적으로 설명해야 한다.

남한이 특사회담을 통해 북한의 파격적인 양보조치를 이끌어내기 위해서는 식량·비료·의약품 등 대규모의 인도적 지원을 약속하고 개성공단, 금강산 관광, 철도·도로 연결 등 3대 경협사업을 활성화시키는 한편, 적절한 시점에 남북정상회담을 개최해 북한의 경제재건 및 안전보장을 위해 남한이 적극적으로 노력하겠다는 점을 주지시켜야 할 것이다. 무엇보다도 이러한 '평화 지향적인 민족공조'만이 남북한 모두의 살길이라는 점을 강력하게 설득해야 할 것이다. 이와 같은 접근, 즉 남북한의 특사회담을 통한 새로운 로드맵의 공유를 평화 프로세스 1단계라고 부를 수 있을 것이다.

다음 단계로는 6자회담에서 북한이 대담한 양보조치를 제시하는 것이고, 이는 크게 두 가지 차원에서 구성된다. 하나는 미국의 상응조치 제공 여부와 관계없이 북한이 먼저 핵동결조치를 취하는 것이고, 다른 하나는 고농축 우라늄 의혹 해소 의지를 밝히는 것이다. 그리고 이를 뒷받침하는 구체적인 조치로 NPT의 복귀를 유도해야 할 것이다.

북한은 2003년 12월부터 '첫 단계 동시행동'을 통해, 자신의 핵동결에 대한 보상으로 미국의 테러지원국 명단 해제, 정치·경제·군사적 제재와 봉쇄 철회, 미국과 주변국의 중유 등 에너지 지원을 제시한 바 있다. 그러나 부시 행정부는 핵동결에 대한 보상은 없으며, 경제제재 및 테러지원국 해제와 국교 수립은 핵문제뿐만 아니라 미사일, 생화학무기, 재래식 군사력, 인권 문제 등이 상당 부분 해결되어야 가능하다는 일방주의적 입장을 고수해왔다. 이는 북한측 제안이 갖는 타당성을 떠나 '현실성'이 없다는 것을 의미한다. 따라서 북한으로 하여금 미국의 상응조치가 보장되지 않더라도 핵동결 선언을 구체화하는 조치로 NPT 복귀 및 IAEA 사찰단의 재입국을 허용하게 함으로써, 미국이 아닌 남한, 중국, 러시아 등의 대북지원이 가능하게 만드는 것을 적극적으로 추진해야 할 것이다. NPT 복귀시 영변 핵시설에 대한 동결 감시 허용과 더불어 HEU 의혹 해소를 위해 IAEA와의 대화도 이뤄지면 좋을 것이다. 이는 이란이 유럽연합의 지원을 약속받고 유엔의 핵사찰을 수용한 것과 비슷한 해법이라고 할 수 있다.

만약 북한의 이러한 파격적인 제안에도 불구하고 부시 행정부가 끝내 6자회담을 통한 평화적 해결을 거부하거나 시간 끌기로 일관한다면, 그 책임은 부시 행정부에게 있다는 점이 더욱 명확해질 수 있고, 이는 미국에 대한 국제여론의 악화를 불러일으켜 대선을 앞둔 부시 행정부에게 부담으로 작용할 가능성이 높다. 아울러 부시 행정부가 북한의 제안을 수용해 6자회담에 건설적으로 임하게 하기 위해서는 중국, 러시아와 함께 부시 행정부를 설득하는 한편, 부시 행정부가 '외교적인 치욕'으로 생각하는 제네바 합의를 대체하고 '북한의 핵폐기 방안'까지 담은 새로운 포괄 합의문을 도출할 경우 대선전략 차원에서도 유리하다는 점을 주지시켜야 할 것이다.

이러한 1, 2단계가 성공하면, 다음 단계로 남북정상회담을 열어야 할 것이다. 그리고 그 시점은 6자회담에서 북한의 NPT 복귀가 이뤄진 이후, 그리고 11월 미국 대선 이전에 개최하는 것이 바람직할 것이다. 이 시기에 회담을 개최하는 것은, 다시 말해 핵문제가 적지 않게 풀린 이후에 정상회담을 개최하는 것이고 한국의 총선 이후이기 때문에 불필요한 국내의 정치적 논란을 최소화할 수 있게 된다. 또한 부시 행정부가 대선전에 전념해야 할 시기라는 점에서 남한의 자율성이 커지고 미국의 개입을 최소화할 수 있다는 장점도 있다. 그러나 정상회담 시기는 9월을 넘기지 않는 것이 좋다. 정상회담의 합의 사항을 적지 않게 '이행'한 이후에 차기 미국 정부를 상대하는 것이 한반도 평화 프로세스를 '거스를 수 없는 대세'로 만드는 데 도움이 될 것이기 때문이다.

마지막 4단계인 '남북한 중심의 평화 프로세스 본격 가동'은 2차 남북정상회담의 의제와 합의사항의 실천 방안을 어떻게 짜느냐에 따라 상당 부분 좌우되게 된다.

줄다리기 게임과 매트리스

위와 같은 전략이 6자회담의 성공을 전제로 한 최선책으로서의 의미를 갖는다면, 6자회담의 실패나 교착상태에 대비한 비책(秘策)도 준비해야 한다. '남북화해협력·비핵화·군축·평화정착'이라는 부시 행정부도 거부할 수 없는 '대원칙'을 가지고 북한과의 담판도 생각해두어야 한다는 것이다. '외교의 실패'는 미국에게 무력사용과 같은 '다른 수단'을 강구할 수 있는 근거가 되겠지만, 우리에게는 민족공동체의 파멸을 재촉하는 길이 될 것이기 때문이다. 특히 6자회담이 좌초되거나 이렇다 할 성과 없이 지지부진한 상태가 계속되면, 한반도의 정세는 더욱더 통제 불능 상태로 빠져들게 될 것이다. 6자회담에만 의존할 것이 아니라, '대안'을 마련해야 한다는 주장은 이러한 맥락과 닿아 있다.

위기를 기회로 만들기 위해서는 '기회의 근거들'을 발견하는 것이 중요하고, 실제로 그 근거들은 존재한다. 가장 중요한 요소는 부시 행정부의 대북한 비타협주의로 인해 형성되고 있는 남북한의 '위기의식'이다. 위기의식이 '주어진 조건'이라면, 남북한이 이를 공유하고 다른 대안을 함께 모색하는 것은

'만들어가야 할 과제'이다. 또한 한반도에서 압도적인 영향력을 갖고 있는 미국이 본격적으로 대선 국면에 접어들고 있다는 것도 중요한 기회이다. 이는 한시적이긴 하지만, 한반도 문제에 있어서 남한이 차지하는 상대적 자율성의 공간이 넓어진다는 것을 의미하기 때문에 이를 적극적으로 활용할 필요가 있다.

한반도 문제의 해법구도를 미국 주도의 6자회담에서 남북구도로 전환시키기 위해서는 북한과 미국 사이의 게임의 성격을 다른 시각에서 볼 필요가 있다. 흔히 북한과 미국과의 대결을 마주보고 달리는 자동차에 비유하는데, 이러한 정면충돌식의 '치킨게임'과는 반대 방향으로, 즉 북한과 미국이 '줄다리기'를 벌이고 있다는 시각에서 이 문제를 바라봐야 한다는 것이다.

물론 힘이 센 미국은 북한이 아무리 줄을 당겨도 게임에 응할 자세를 보이지 않고 있다. 반면에 북한은 어떻게 해서든지 줄을 최대한 당겨 미국을 협상에 임하게 하려고 해왔다. 그리고 결국 미국이 협상 테이블에 나오지 않으면 줄을 최대한 당겨 북한도 다른 한 손에 '핵 억제력'을 들려고 할 것이다. 그러나 줄다리기는 당기면 당길수록 힘이 많이 들어가는 속성을 가졌다. 즉, 북한이 핵무기라는 대미 억제력 확보에 접근할수록 버티기가 어려워지고, 미국이 힘을 써 줄을 당겨버리면 북한이 입을 피해는 그만큼 커질 수밖에 없다는 것이다.

위의 두 가지 비유는 어떤 게임이 되었든, 게임이 진행될수록 북한에게 불리할 수밖에 없다는 것을 잘 보여준다. 서로 마주보고 달리는 '치킨게임'도, 서로 반대 방향에서 줄을 당기는 '줄다리기'도 '힘의 논리'를 피할 수 없기 때문이다.

게임의 성격을 놓고 볼 때, 북한은 미국과의 승부가 '치킨게임'이 아니라 '줄다리기'라는 관점에서 전략을 세우는 것이 바람직하다. 그리고 게임의 상대자를 미국에서 남한, 일본, 중국, 러시아 등 다른 나라로 돌리는 것도 적극적으로 고려해야 한다. 즉, 이런 것이다. 일단 북한이 줄을 놓아버린다. 이미 팽팽해질 만큼 팽팽해진 줄을 놓으면 북한은 뒤로 넘어지겠지만 미국 역시 휘청거릴 수밖에 없다. 이를 위해서는 남한의 역할이 대단히 중요한데, 북한이 뒤로 넘어지더라도 다치지 않도록 남한이 '매트리스'를 깔아줘야 하기 때문이다. 여기에서 북한이 줄을 놓는다는 것은 핵포기 선언을 하는 것을 의미하고, 남한이 매트리스를 깔아준다는 것은 북한의 핵포기 선언에 대한 상응조치를 남한 주도로 해주는 것을 의미한다.

물론 북한으로서는 당연히 미국과의 적대관계가 해소되지 않은 상태에서 일방적 핵포기 선언이 가져올 억제력의 약화를 우려할 수밖에 없을 것이다. 또한 북한이 이와 같은 전향적인 조치를 취한다고 해서 미국이 협상 테이블로 나온다는 보장도 없다. 그러나 북한은 상대자가 부시 행정부라는 것을 유념해야 할 필요가 있다. 즉, 과거와 같은 방식으로는 미국을 협상 테이블로 이끌어내는 것이 불가능할 뿐더러, 북한이 부담하게 될 위험만 높아지게 된다는 것이다. 군사패권주의와 일방주의로 똘똘 뭉친 부시 행정부는 북한이 군사주의 노선을 강화하면 그 위험성을 우려해 협상에 나서기보다는 도리어 그것을 MD 구축 등 군비강화의 근거로 삼을 것이고, 군사적으로 자신감을 확보한 이후에는 북한을 군사행동의 대상으로 삼고자 할 것이다. 즉, 미국의 군사패권주의에 군사주의로 맞서려고 하면 할수록, 미국의 군사패권주의는 강화되는 속성을 가질 수밖에 없는 것이다. 이는 미국의 군사패권주의에 맞서는 전략으로 북한이 채택하고 있는 군사주의가 근본적인 한계와 위험성을 가질 수밖에 없다는 것을 말해주고 있다.

그러나 발상을 전환해보면 부시 행정부의 군사패권주의는 치명적인 약점을 가지고 있다. 즉, 군사주의가 아닌 평화주의로 맞설 경우 설자리가 좁아질 수밖에 없다는 것이다. 가령 북한이 핵문제와 관련해 파격적인 문제 해결의 의지를 천명하면, 그동안 '북한위협론'을 MD 구축 등 군비강화의 강력한 근거로 삼아온 부시 행정부로서는 치명타를 입을 수밖에 없다. 이것이 바로 부시 행정부가 전임 정부의 대북협상 성과를 무시하고 대북강경책으로 일관해온 근본적인 요인의 하나이자, 북한이 줄을 놓으면 북한보다 부시 행정부가 더 큰 타격을 입을 수밖에 없는 구조적인 요인이다. 부시 행정부를 함정(이 함정은 상당 부분 부시 행정부 스스로 파놓은 것이다)으로 빠뜨릴 수 있는 최고의 묘책인 셈이다.

그렇다면 북한이 핵포기 의지를 천명하고 NPT 복귀 등의 조치를 취함으로써 얻을 수 있는 구체적인 이익은 무엇인가?

이는 기본적으로 북한이 핵무장을 강행하려고 하는 경우와의 비교를 통해 유추할 수 있다.

먼저, 북한이 핵포기 선언을 하면 미국의 대북 군사행동이 거의 불가능해진다는 점을 들 수 있다. 북한이 핵무장을 시도할 때와 그렇지 않을 때 미국의 군사행동 가능성에는 근본적인 차이가 있을 수밖에 없다. 이는 대북제재의 경우에도 마찬가지이다. 북한의 핵포기 선언시 미국이 대북제재나 군사행동의 명분을 찾기가 어려울 뿐만 아니라, 미국 내부와 국제사회의 동의를 확보한다는 것이 거의 불가능에 가까운 일이 될 것이다.

둘째로, 미국을 협상 테이블로 이끌어내는 데는 핵개발을 추진하는 것보다 핵포기 선언을 하는 것이 훨씬 효과적이라는 점이다. 물론 북한이 먼저 핵포기를 한다고 해서 부시 행정부가 성실한 자세로 협상에 임할 가능성이 높다고 할 수는 없다. 오히려 "말이 아닌 행동으로 보여달라"며 사찰 및 검증을 들먹이면서 북한을 더 몰아붙일 가능성도 배제할 수 없다. 그러나 북한이 적극적인 핵문제 해결 의사를 천명하면서 협상을 제안했는데, 부시 행정부가 이를 계속 거부한다면 부시 행정부에 대한 안팎의 의구심과 비난은 더욱 커질 수밖에 없다. 존 케리가 부시 진영에 대한 중요한 공세 포인트를 대북정책으로 잡고 있는 것 역시 고려할 필요가 있다.

셋째, 북한으로서는 핵포기 선언 및 조치를 통해 극심한 경제난, 특히 식량난과 에너지난의 완화를 비롯한 경제회생을 위해 반드시 필요한 외부의 지원과 협력을 높일 수 있다. 이미 남한 정부는 북한이 핵을 포기할 경우, 대대적인 대북지원과 경제협력 활성화를 공언해놓고 있다. 또한 한반도의 비핵화를 양보할 수 없는 마지노선으로 삼고 있는 중국과 러시아 역시 북한의 핵포기시 에너지를 비롯한 대북지원에 적극 나설 수 있다는 점을 직·간접적으로 약속해왔다. 핵카드를 고수해 심각한 경제위기에서 벗어나지 못함으로써 '내폭(implosion)'의 위험 속에 처하는 것보다, 핵카드를 버림으로써 경제회생의 발판을 마련하는 것이 확실한 비교 우위에 있음은 물론이다.

북한은 이미 '핵카드'를 통해 적지 않은 정치적, 경제적 실리를 얻을 수 있는 '가능성'을 만들어놓았다. 앞으로 그 카드가 악수(惡手)가 될지 묘수(妙手)가 될지는 북한이 핵카드를 버릴 것인지의 여부에 달려 있다고 해도 과언이 아니다. 이미 핵카드의 가치가 포화점에 도달한 상황에서, 그리고 그 카드를 계속 들고 있을 경우 역효과가 나올 수 있는 상황에서, 북한이 카드를 계속 들고 있는 것은 게임의 패배를 자초하는 것에 다름 아니며, 그 결과는 북한을 포함한 민족 전체에게 돌이킬 수 없는 상처를 안겨주는 것이 될 것이다. '핵카드'를 버리고 '평화의 카드'를 꺼내드는 것만이 상황을 극적으로 반전시킬 수 있는 방안이다.

북한은 이제 '비교 우위론'의 관점에서 '군사주의'가 아닌 '평화주의'를 채택해야 할 절박한 시점에 와 있다. 이러한 패러다임의 전환이야말로 민족의 생존을 (더 이상 미국의 선택에 맡기지 않고) 민족 스스로 개척해나가게 되는 출발점이라는 것을 북한은 명심해야 할 것이다. 남한 역시 '핵문제' 환원주의에 빠지지 말고, 북한이 안심하고 줄을 놓을 수 있도록 매트리스를 준비해나가야 할 것이다.

새로운 평화 프로세스를 기대하며

지금까지 한반도 평화 프로세스는 외부의 조건, 특히 미국의 대북정책에 따라 명암을 달리하는 과정을 답습해왔다. 이러한 구조에서 벗어나지 못하면 한반도 문제의 최대 변수는 우리가 통제할 수 없는 2004년 미국 대선이 될 수밖에 없고, 이는 불확실한 미래에 우리의 운명을 맡기는 것과 다르지 않다. 따라서 미국 중심의 구도를 남북한 중심의 구도로 바꾸는 것은 지속 가능한 평화 프로세스를 위한 최대의 과제라고 할 수 있다. 그것은 바로 남북한 사이의 대타협을 통해 '돌이킬 수 없는 평화 프로세스(irreversible peace process)'를 만드는 것이며, 이는 남북정상회담을 통해 이뤄져야 할 것이다.

그렇다면 어떠한 의제와 합의를 통해 남북한 중심의 평화 프로세스를 창출할 수 있을까? 6자회담의 진행 과정에 따라 정상회담의 의제 역시 영향을 받겠지만, 기본적인 의제는 다음과 같이 생각해볼 수 있을 것이다.

먼저 최대 현안이라고 할 수 있는 핵문제와 관련해서는 '한반도 비핵화' 원칙과 이를 구체적으로 검증할 수 있는 최소한의 실행조치가 담겨져야 할 것이다. 이러한 내용이 포함되지 않으면 정상회담의 성사 자체도 어려울 뿐더러 설사 성사되더라도 의미와 모멘텀은 크게 퇴색될 수밖에 없다. 따라서 북한의 핵포기와 남한 주도의 대북지원 사이의 빅딜에 합의할 수 있는 전략 마련이 우선되어야 할 것이다.

둘째로, 1992년 남북기본합의서와 2000년 6.15 공동선언으로 이어져온 한반도의 평화와 통일 프로세스를 어떻게 계승·발전시킬 것인가의 문제도 심도 깊게 논의되어야 할 것이다. 필요하다면 남북기본합의서를 수정·보완해 새로운 합의서를 도출하고, 양측 의회의 비준을 거쳐 이를 명실상부한 '평화와 통일의 장전'으로 만드는 대담한 접근도 고려해야 할 것이다.

셋째, 다른 분야에 비해 계속 지체되고 있는 군사적 신뢰구축 및 군축도 본격적으로 다뤄져야 할 것이다. 적대적 대결구도의 핵심에 있는 군사적 대결 및 군비경쟁에 대한 해결책을 내놓는 것은, 무력충돌과 전쟁의 구조적 요인을 완화시킨다는 의의와 함께 평화체제의 기초를 튼튼히 한다는 의의도 갖고 있다. 동시에 남북한 모두의 과도한 군비부담을 줄임으로써, 한반도 민중의 삶의 질을 높이고 경제협력을 활성화시킬 수 있는 재원을 확보할 수 있다는 의의도 있다.

넷째, 한반도를 넘어 동북아 중심 국가를 향한 비전도 함께 가꿔나가야 할 것이다. 여기에는 최근 지체되고 있는 한반도 종단철도(TKR)와 시베리아 횡단철도(TSR)를 연결해 유라시아 철도를 건설하는 문제, 러시아의 천연가스를 남북한 모두 활용하는 문제, 한반도 비핵화를 넘어 동북아 비핵지대를 건설하는 문제, 남북한이 동북아 안보대화의 구심체가 되는 문제 등이 포함될 수 있을 것이다.

이 밖에도 대규모의 인도적 대북지원과 남북경협의 활성화 추진, 상호 적대적인 법적·제도적 장치의 정비, 최근 첨예한 이슈로 부각되고 있는 탈북자를 비롯한 북한 인권 문제 등도 다뤄져야 할 것이다.

이러한 방향과 의제를 가지고 정상회담이 개최되고 합의사항을 실천해나간다면, 대내외적 변수에 크게 구애받지 않는 새로운 평화 프로세스를 창출해나갈 수 있을 것이다.

무엇보다도 2004년 11월 미국 대선 이전에 남북정상회담이 개최되면, 미국 대선 이후의 한반도 정세에도 의미 있는 영향을 미칠 수 있을 것이다. 부시 대통령이 재선에 성공하더라도 사전에 '위기의 뇌관'을 제거했기 때문에 최악의 상황을 방지할 수 있고, 민주당의 케리 후보가 집권하면 북미관계 정상화의 '촉진제' 역할을 할 수 있기 때문이다.

11월 미국 대선까지 그리 많은 시간이 남아 있지 않다. 모처럼 주어진 시간을 '부시의 낙선'이라는 요행을 바라면서 보낼 것인가? 아니면 우리의 운명을 스스로 개척한다는 정신으로 대전환을 모색하는 데 사용할 것인가? 우리는 지금 중대한 선택의 기로에 서 있다.

1) CIA 메모의 전문은 http://www.gwu.edu에서 볼 수 있다.
2) 참고로 CIA 등 미국 정보기관이 추정하고 있는 북한의 핵무기 보유 가능성은 고농축 우라늄을 이용한 것이 아니라 플루토늄을 이용한 것을 의미한다. 즉, CIA는 북한의 고농축 우라늄 프로그램은 '시작' 단계이고, 플루토늄을 이용한 핵무기 제조 단계는 '확실'한 것으로 보고 있다.
3) 「연합뉴스」, 2003년 11월 20일.
4) 이 공동성명에는 정전체제를 평화체제로 전환하는 데 있어서 4자회담의 중요성 인식, 자주권 존중과 내정 불간섭, 경제교류·협력의 확대, 제네바 합의 재확인, 반테러 입장, 북한에 대한 인도주의적 지원, 클린턴 대통령의 방북과 함께 당시 최대 현안이었던 미사일 문제 해결 노력 등이 담겨 있다.
5) 미국 내에서도 "미국의 일부 관리들이 핵개발 동결의 대가로 에너지 원조를 제공하는 내용을 담은 지난 1994년 제네바 합의를 무력화시키기 위해 북한의 우라늄 개발 프로그램을 과장했을 수도 있다"는 주장이 제기되어 왔다. Barbara Slavin and John Diamond, "N. Korean nuclear efforts looking less threatening"(*USA TODAY*, Nov 5, 2003).
6) 연합뉴스가 국내외 전문가 32명을 상대로 실시한 여론조사에 따르면, 84.4%는 6자회담 전망에 대해 '낙관적'으로, 15.6%는 '비관적'이라고 응답해 낙관적인 전망이 압도적으로 많았다. 그러나 북미관계의 전망을 묻는 질문에 40.6%는 '현 상태를 유지'할 것으로 답변해, '긴장과 갈등의 연속'(37.5%) '극적인 타협으로 해빙기 진입'(18.8%)보다 높았다. 「연합뉴스」, 2003년 12월 30일.
7) 「뉴욕타임즈」의 2003년 12월 2일 보도에 따르면, 2000년 대선 기준으로 친(親)공화당으로 분류되는 주(州)에서는 모두 7명의 선거인단이 늘어난 반면에, 친(親)민주당 성향의 주에서는 전체적으로 7명이 줄었다. 이에 따라 대선 전까지 선거인단의 변화가 없다면, 2004년 대선에서 2000년과 같은 투표분포가 나타나거나, 7명 미만의 한 주에서 부시가 지더라도

부시는 재선에 성공할 수 있게 된다.

8) 이에 대해 존 볼튼 미 국무부 차관은 "미국에게는 (북핵 프로그램의) 불가역성(irreversibility)이 최고의 목표"라고 강조한 바 있다. John R. Bolton, "Nuclear Weapons and Rogue States : Challenge and Response", December 2, 2003. http://www.state.gov 참조.

9) 실제로 미국은 2차 6자회담에서 핵문제가 해결 국면으로 접어들면, 미사일, 재래식 군사력, 인권 문제 등이 논의되어야 하고, 이러한 문제들이 해결되어야 완전한 관계 정상화가 가능하다는 입장을 피력했다. 이에 대해 북한은 미국이 북한의 붕괴를 노리면서 '시간 끌기'로 일관하고 있다고 강력히 반발했다. http://www.nautilus.org 참조.

10) 앞서 소개한 연합뉴스의 조사에 따르면, 2004년 미국 대선이 북핵 문제에 미치는 영향으로 50%는 '어느 정도의 영향력'을 들었으며, 다음으로 '아주 큰 편'(34.4%) '아주 작은 편'(12.5%) '무응답'(3.1%)의 순으로, 84.4%가 미 대선이 북핵문제에 영향을 미친다고 생각하고 있는 것으로 나타났다. 「연합뉴스」, 2003년 12월 30일.

11) 「조선중앙통신」, http://www.kcna.co.jp 참조.

12) 2003년 12월 9일 원자바오 중국 총리와 회담을 가진 부시 대통령은 "미국의 목표는 핵 프로그램의 동결을 위한 것이 아니다"면서 "목표는 핵무기 프로그램을 검증할 수 있고 돌이킬 수 없는 방식으로 폐기하는 것"이라며 북한이 제안한 '첫 단계 동시행동조치'를 일축한 바 있다.

13) 2004년 2월 25일부터 28일까지 베이징에서 열린 2차 6자회담에서는 3차 6자회담을 6월 이전에 개최하고 기술적인 문제들을 논의하기 위한 워킹그룹을 구성하는 데에는 합의했으나, '북한의 핵포기 선언과 미국의 대북한 안전보장' '핵동결 대 보상' '고농축 우라늄 문제' 등 핵심 현안들에서는 이견을 좁히지 못했다.

14) 이와 관련해 외교안보연구원은 "북핵 문제와 관련, 2004년에 국제사회의 대북 정치·경제적 압박이 강화될 것으로 예상되나 북한은 11월 미국 대통령 선거 전까지 6자회담에 한두 차례 응하면서 '그럭저럭 버티기(muddling through)'를 할 가능성이 높다"고 전망했다. 외교안보연구원, 「2004년 국제정세」.

15) 전성훈, 「이란 핵 사태로 본 북핵」(『신동아』, 2004년 1월호).

16) 정부의 북핵 대응체계의 문제점에 대한 내용은, 황일도, 「'동맹경화' 걸린 북핵 대응체계」(『신동아』, 2004년 1월호) 참조.

17) David E. Sanger, "U.S. And 2 Allies Agree On A Plan For North Korea"(*The New York Times*, December 8, 2003).

18) 한편 존 케리는 MD에 대해 조건부 찬성 입장을 갖고 있다. 그는 국가안보의 일환으로 MD의 필요성을 인정하면서도, 부시 행정부가 파기한 ABM 조약 유지, 투명한 절차와 실험을 통한 유효성 입증, 동맹국 및 주요 강대국들과의 사전 협의 등을 조건으로 내세우고 있다. 이는 일방적이고 초법적인 방식으로 추진되고 있는 부시의 MD 구상과는 적지 않은 차이가 있는 것이다.

19) 물론 2기 부시 행정부 때에도 중동 문제에는 만만치 않은 변수들이 도사리고 있는 것이 사실이다. 이라크의 정권 이양 과정 및 저항세력 제거가 부시 행정부의 뜻대로 되지 않을 가능성도 높고, 팔레스타인-이스라엘 사이의 분쟁도 부시 행정부가 북한에 힘을 집중시키기 어려운 요인이 될 것이다.

20) 미국이 북한과 대만을 놓고 중국과의 거래를 시도하더라도, 그것은 '하나의 중국(One China policy)'을 재확인하는 수준에서 벗어나지 않을 것이다. 즉, 중국이 미국의 대북강경책에 동의, 혹은 묵인해주는 조건으로 대만의 독립 움직임을 정치 외교적으로 통제하는 데 미국이 협력해줄 가능성은 있지만, 무력사용까지 용인하지는 않을 것이다.

21) 존 케리의 외교안보정책에 대한 자세한 내용은 그의 대선 캠페인용 홈페이지 http://www.johnkerry.com 가운데 'Foreign Policy'와 'Homeland Security' 참조.

22) "THE 2004 CAMPAIGN : Kerry on Foreign Policy"(*The New York Times*, March 7, 2004).

23) John F. Kerry, "Next Step on Korea"(*Washington Post*, August 06, 2003).

24) 임을출, 「대북송금 정당성 국민이 평가해줘야」(『한겨레 21』, 2004년 3월 2일 제499호).

한반도 시나리오

초판발행 2004년 4월 15일 | 2쇄발행 2005년 8월 10일
지은이 정욱식
펴낸이 심만수 | 펴낸곳 (주)살림출판사
주소 110-847 서울시 종로구 평창동 358-1
출판등록 1989년 11월 1일 제9-210호
전화번호 영업 · (02)379-4925~6   기획 · (02)396-4291~3
         편집 · (02)394-3451~2
팩스 (02)379-4724
e-mail salleem@chollian.net
홈페이지 http://www.sallimbooks.com

ⓒ (주)살림출판사, 2004   ISBN 89-522-0216-3 04080
                          ISBN 89-522-0096-9 04080 (세트)

값 9,800원